5G
A I

5G와 AI가 만들 새로운 세상

초판 4쇄 발행 2020년 7월 15일
초판 1쇄 발행 2019년 8월 15일

지은이 이준호, 박지웅 / **펴낸이** 배충현 / **펴낸곳** 갈라북스 / **출판등록** 2011년 9월 19일(제2015-000098호) / 경기도 고양시 덕양구 중앙로 542, 707호(행신동) / **전화** (031)970-9102 **팩스** (031)970-9103 / **홈페이지** www.galabooks.net / **페이스북** www.facebook.com/bookgala / **전자우편** galabooks@naver.com / **ISBN** 979-11-86518-36-6 (03320)

이 도서의 국립중앙도서관 출판예정도서목록(CIP)은 서지정보유통지원시스템 홈페이지(http://seoji.nl.go.kr)와 국가자료종합목록 구축시스템(http://kolis-net.nl.go.kr)에서 이용하실 수 있습니다. (CIP제어번호 : CIP2019027944)

5G

5G와 AI가 만들 새로운 세상

AI

50가지 흥미로운 이야기

이준호 · 박지웅 지음

갈라북스

초의 시대

5G 시대다. 정부와 이동통신 3사는 2019년 4월 "대한민국이 5G 세상을 세계 최초로 열어간다"고 선언했다. SK텔레콤은 5G 광고캠페인을 통해 '5G 시대는 초超의 시대'라고 정의한 뒤 통신 네트워크의 진화나 산업의 혁명을 뛰어넘어 세상 모두의 생활을 바꾸는 거대한 변화를 지향하기 때문이라고 했다. 세상 모두의 생활을 바꾸는 거대한 변화. 이것이 5G 세상의 미래라는 것이다. 즉 지금까지 누려보지 못한, 전혀 차원이 다른, 완전히 새로운 세상이 온다는 의미다.

"5G는 오프라인 세상 자체가 무선으로 들어오는 것."

박정호 SK텔레콤 사장은 5G를 이렇게 규정했다. 무슨 뜻일까.

조금 더 들어보자. 그는 "5G 시대를 맞아 오프라인과 모바일의 융합이 폭발적으로 증가할 것"이라며 "5G와 오프라인의 결합은 결국 IoT 칩으로 구현되므로 IoT · 데이터 사업은 오프라인 회사와의 기업간 비즈니스에서 가능성을 제시해야 한다"고 강조했다. 그의 말에 주목하는 이유는 5G의 본질을 꿰뚫는 인사이트가 고스란히 담겨 있어서다.

5G 세상을 이해하는 데는 관점이 여럿 있을 것이다. 이 책은 이동통신사의 관점에서, 주로 SK텔레콤의 관점에서 '5G는 어떻게 오프라인의 세상을 무선으로 들어오게 하는지, 그래서 세상 모두의 생활을 바꾸는 거대한 변화는 어떤 것인지' 이해하기 쉽게 풀어가려는 취지로 출발했다.

지난 2016년 이래 우리 사회 화두話頭가 된 4차 산업혁명은 '완전히 새로운 세상의 도래'를 예고했다. AR/VR, 자율주행, 스마트팩토리와 스마트 시티 등은 가장 먼저 실현될 영역이다. 해당 영역의 모든 데이터가 연결되고 수집되고 활용되어야만 실현될 수 있다. 날씨와 온도, 교통량은 물론 사람과 사물, 기기의 움직임과 상태까지 과거와는 질적 · 양적으로 차원이 다른 데이터가 생성,

변환될 것이다. 중요한 것은 이를 가능하게 만드는 핵심 인프라가 바로 5G와 AI라는 점이다. 인프라는 비유하자면 고속도로 같다.

4차 산업혁명의 물결이 거센 까닭은 AI 인공지능와 ICBM IoT, Cloud , Big Data, Mobile 기술의 비약적 발전으로 사물·기계까지 폭넓은 연결의 확장을 이뤄내는 기술간 융합 때문이다. 즉 Mobile 무선 인터넷과 IoT 사물인터넷를 통해 모든 사람과 사물기계의 데이터를 수집하고, 클라우드 Cloud 상에서 데이터를 저장·보관, 관리한 뒤 빅 데이터 Big Data 와 AI 기술로 그 방대한 데이터를 분석하고, 인지·학습·추론 등에 활용하는 길이 열렸기 때문이다. 이로 인해 스마트 공장·자율 주행차·스마트 홈·스마트 헬스케어 등의 새로운 제품과 서비스가 생겨나고 있다.

지능정보 기술인 AI와 ICBM의 융합 결과 생산비용 절감, 교통사고 감소, 생활편의성 향상, 의료비 감소 등 새로운 가치 Value 가 창출되고 있는 것이다.

4G 통신 인프라 갖고 4차 산업혁명 흉내를 낼 수 있어도 구현

하는 데는 한계에 봉착한다. 늘 꽉 막혀 있는 경부고속도로 서초
~양재 구간에서는 제 아무리 페라리 급의 스포츠카라도 무용지
물이나 다름 없는 것과 같은 이치다.

5G는 4G 통신 기술에 비해 초超고속, 초超저지연, 초超연결이
라는 세 가지 강점을 지녔다. 지금보다 차선이 수십 개 늘어나 최
대 20배 빨리 달릴 수 있는, 확 트인 고속도로를 상상해보라.

이런 인프라 덕분에 스마트 폰 밖의 세상 데이터를 스마트 폰
안으로 가져오고, 대량의 기기들이 연결돼 데이터를 주고받을 수
있는 '초연결 시대'가 열리는 것이다.

다시 말해 5G는 우리 사회와 산업의 디지털 전환을 가속화시켜
4차 산업혁명을 뒷받침하는 핵심 인프라인 것이다. 이제부터 디
지털 변혁Digital Transformation을 통해 만개할 데이터 시대, 초연결
시대로의 여정을 한 걸음씩 내딛어보자.

● 차 례

PART 3

5G와 AI가 바꾸는
미래 비즈니스

PART 4

세상 모든 것이
디지털 데이터

PART 5

일자리가 바뀐다

완전히
새로운 세상

PART **1**

코드

'코드 맞추기' '코드 인사'

신문, 방송을 통해 심심치 않게 접하는 표현이다. 주로 정치권력의 눈높이를 잘 이해한다는 인물, 예컨대 장관, 공공기관장 등의 인사人事 평에 등장하는 단골메뉴다. 아! 하면, 어! 하고 알아듣는 사이에 해당할 터이다.

코드, 영어로는 Code 符號다. IT 용어인데 왜 '코드 맞추기'라고 표현하는 것일까. 전혀 어울릴 것 같지 않은, 서로 다른 세계의 용어인데 말이다.

코드의 사전적 의미는 [컴퓨터가 알아들을 수 있는 언어]다. 코드는 [프로그램을 만들기 위한 컴퓨터용 언어]를 뜻한다. 그래서 컴퓨터가 알아들을 수 있는 코드를 작성하는 게 코딩 Coding 이다. 컴퓨터 외부에 있는 빛, 온도, 소리 등의 아날로그 정보 데이터 는 컴퓨터 안에서 디지털 정보로 변환되는데, '정보의 형태가 다른 형태로 대응하는 것'을 IT업계에서는 코드라고 이름 지었다.

코드의 대표적인 사례를 보자. 아마도 모스 부호 Morse Code 를 들어본 적 있을 것이다. 미국의 발명가 모스 Samuel Finley Breese Morse 는 1830년대 알파벳 문자와 숫자 등을 Dot 점, • 과 Dash 선, ─ 의 체계, 다시 말해 0과 1의 2진법 체계로 대응시켜 모스 코드를 만들었다.

알파벳 O를 ─ ─ ─ 라 약속하고, S를 • • • 라고 사전에 약속했을 경우 '• • • ─ ─ ─ • • •' 라고 전신부호를 보내면, 이 신호를 받는 사람은 SOS라는 의미로 받아들이게 된다. 해상 조난시 구조를 요청하는 SOS를 보내기 위해 아! 했더니, 어! 하고 알아들은 셈이다. 이렇게 특정한 형태의 정보를 다른 형태의 정보로 표현하는 규칙이 코드다.

5G와 AI가 만나 디지털경제, 데이터 시대를 꽃 피우고 있다. 2019년 대한민국에서 본격화된 5G 상용화의 뿌리는 모스다. 세

계 최초의 전기 통신혁명을 일으킨 통신^{Communication}의 아버지며, 지구촌 통신 기술의 발원지라 해도 과언은 아니다.

'척하니 착'이라는 옛말 대신 '코드 맞추기'라 표현할 만큼 IT, ICT가 우리 언어 · 문화 · 삶에 스며든 게 우연은 아닐 것이다.

5G의 'G'

5G의 'G'는 세대^{Generation}를 의미한다. 이동전화^{무선통신} 기술은 지금도 발전이 숨가쁘게 이뤄지고 있다. 그리고 기술의 큰 변화를 겪을 때마다 이전과 구분하기 위해 G 앞의 숫자가 하나씩 더해진다.

우리 사회에서 자식이 성장해 부모의 일을 계승할 때까지의 기간을 한 세대^{30년}로 삼고 있다. 이동통신의 경우 부모 세대의 기술을 대체하는 한 세대는 대략 10년이다. 다시 말해 부모 자식 간의 인간 사회의 세대는 30년, 이동통신 사회의 세대는 10년인 셈이다.

통신의 역사를 살펴볼 텐데 모스가 고안한 통신의 방식 전신^{電信}과 벨이 고안한 전화^{電話}의 차이점을 짚고 넘어가는 게 필요하다. 물리적으로 서로 떨어진 곳에서 커뮤니케이션^{의사소통}을 한다는 점에서는 통신의 개념이 일치한다. 하지만 약속된 신호체계로 의사소통을 하는 것인지, 우리 목소리 그대로 의사 소통하는 지가 결정적인 차이다. 즉, 전신은 서로 떨어진 곳에서 전류나 전파를 이용해 미리 약속한 부호의 방식으로 정보를 주고 받는 것이고, 전화는 음성을 전기 신호로 변환해 전송한 뒤 다시 음성으로 재생해 통화하는 방식이다.

인류 최초 전화 방식의 통신은 1876년 미국 알렉산더 그레이엄 벨^{Alexander Graham Bell}과 그의 동료 왓슨^{Watson}간의 통화다. 물리 공간적으로 동떨어져 있는 다른 사람과 자기 목소리 그대로 소통할 수 있는 길이 열렸던 것이다.

이후 100여년이 지난 1983년 마침내 전화선 없이^{Wireless} 통화가 가능한 무선 통신 시대가 펼쳐졌다. 美 통신사 아메리테크는 AMPS^{Advanced Mobile Phone System}라는 아날로그 이동전화 시스템 기술로 무선통신 서비스를 선보였다. 이동통신 기술의 시조^{1G}다. 1973년 모토로라가 무게가 1kg이상인, 벽돌보다 더 큰 휴대전화를 개발했는데 이를 상용화하는데 10년이 걸린 셈이다. 휴대전화 단말기가 이동통신을 하려면 전파를 연결하는 기지국이 필요한데 이통통신의 개념을 현실화할 인프라^{기지국}가 없었기 때문이다. 음성통화만 가능했지만 고정된 장소를 벗어나 이동하면서 통화할 수 있다는 점에서 당시에는 매우 혁신적인 기술이었다. 특히 구리선 기반의 유선 전화 체계를 이동 전화의 체계로 이끈 일등 공신 기술은 셀^{cell} 방식의 기지국 사이를 연결하는, 즉 단말기와 기지국간 통화가 계속 이어지게 유지하는 핸드 오프^{handoff} 기술이다.

우리나라에서는 이듬해인 84년 4월 1G 이동통신 기술^{AMPS}을 통해 '카폰'이라는 게 등장했다. 차 안의 전화기, '카폰'은 당시 부^{富}의 상징이었다. 웬만한 집 한 채 가격에 육박했고 통화료 역시 만만치 않았다. 그리고 88서울올림픽 개막을 앞두고 그 해 7월 1일 휴대전화 서비스가 처음 시작됐다. 소위 '벽돌폰'이라 불린, 모토로라 휴대용 이동전화 단말기를 통해 서비스가 이뤄졌다.

2G의 특징은 아날로그에서 벗어나 디지털 기술을 도입했다는 점이다. 요즘에는 너무 당연하고 익숙한 '문자 메시지' 같은 데이터 전송이 가능해진 것. 이때가 1991년이다. 당시에는 GSM^{Global} $^{System\ for\ Mobile\ Communication}$ 방식과 퀄컴의 CDMA$^{Code\ Division}$ $^{Multiple\ Access}$ 방식이 2세대 기술 표준을 놓고 경쟁했다. 국내의

경우 1996년 SK텔레콤이 세계 최초로 CDMA 방식의 이동통신 서비스를 상용화함으로써 문자 메시지를 사용할 수 있게 됐다. 디지털 이동통신 시대가 본격화되면서 국내 휴대폰 산업도 드디어 꽃을 피우기 시작했다. 우리나라의 휴대전화 산업은 수출의 중심축을 차지하는 효자 산업으로 성장했다.

• 이동통신 세대별 특징

구 분 (국내상용화 시기)	1세대 (1994)	2세대 (1996)	3세대 (2002)	4세대 (2011)	5세대 (2019)
전송속도	–	14.4~153.6kbps	2~14.4mbps	75Mbps~7Gbps	20Gbps
HD급 영화 다운시간 (약 2GB, 최대속도 기준)	–	약 32 시간	약 19 분	약 16 초	1초 이내(0.8초)
	음성	음성 문자 저속 인터넷	음성 고속 인터넷 영상통화 로밍 확대	고음질 통화 초고속 인터넷 고화질 동영상	가상현실 홀로그램, 자율주행차 스마트시티, 스마트팩토리
주요서비스	아날로그 이동통신 서비스 개막	세계최초 CDMA상용화	세계최초 CDMA2000 1X EV-DO 사용화	세계최초 LTE-A 상용화	'5G 커넥티드카' 세계최초 공개 복수의 5G 자율주행차 운행 성공 ⋮

CDMA 첫 사용화

CDMA 첫 상용화는 여러 가지 점에서 의미가 깊다. 유럽 중심의 GSM이 주도권을 잡고 있던 상황에서, 우리나라가 세계 최초로 CDMA를 상용화하면서 이동통신 기술은 유럽^{GSM}과 아시아 · 미국^{CDMA} 진영으로 크게 나뉘어지게 됐다. 이 같은 기술구도는 후발주자였던 삼성 · LG 등이 글로벌 단말기 생산 기업으로 크게 성장하는 계기가 됐음은 물론이다.

3G 이동통신의 경우 GSM이 CDMA의 장점을 흡수, 발전한 W-CDMA^{Wideband CDMA} 방식이 사실상 세계 표준으로 자리잡았다. 데이터 전송량 및 전송속도가 매우 빠르게 향상하면서 '영상통화'가 가능해졌다. 휴대전화기는 이제 단순한 전화기를 넘어 컴퓨터로 인식되기 시작했다. '무선 인터넷의 첫 등장'이라는 의미부여도 가능하다. 국내에서는 SK텔레콤이 2007년 상용화했다. 통신사들은 늘어나는 데이터 트래픽을 해결할 기술을 개발하는데 심혈을 기울였다.

4G 이동통신 기술은 현재 서비스 중인 LTE^{Long-Term Evolution} 방식이다. 2009년 스웨덴과 노르웨이에서 처음 상용화됐고 국내에서는 2011년 이동통신 3사 모두 서비스를 시작했다.

LTE 통신 기술은 '스마트폰'과 만나 진정한 무선 인터넷인 '모바일 인터넷 시대'를 활짝 열었다. 이른 바 모바일 혁명이 이뤄진 것이다.

4G의 특징은 방송만큼이나 빠르고, 해상도가 높은 '동영상' 서비스를 구현했다는 점이다. 휴대전화로 영화를 보고 스트리밍 동영상도 끊김 없이 시청하는 게 가능해졌다.

그리고 2018년 12월 1일 대한민국에서는 마침내 5G 첫 주파수 송출로 시범 서비스를 선보인 뒤 2019년 4월 3일 세계 최초의 5G 상용화가 시작됐다.

1G에서 5G에 이르기까지 무선 통신의 세대를 구분하는 기준은 여러 가지가 있겠지만, 그 핵심은 지금까지 살펴본 것처럼 '얼마나 많은 데이터를, 얼마나 빨리 전송할 수 있느냐'에 달려 있다.

1세대 이동통신은 통화에 만족했지만, 2세대부터는 문자·영상 등 '더 많은 정보를 어떻게 전파에 실어서 보낼 것인가'에 대한 도전의 역사라고 할 수 있다.

03

사회관계를
바꾸다

통신의 역사는 단순한 기술진보를 뛰어넘는다. 사회 구성원들의 커뮤니케이션, 정보전달의 방식은 일상의 큰 변화를 불러오기 때문이다.

쿠텐베르크의 인쇄술 발명이 유럽에서 종교혁명을 빠르게 전파시켰으며, 가깝게는 인터넷 언론의 등장과 모바일 메신저·SNS의 등장이 우리의 사회관계에 미친 영향에서도 확인된다.

지난 30년 이동통신의 발전도 마찬가지였다. 1G에서 2G, 3G, 4G로 변하면서 통신의 주요 소비 상품은 '음성에서 데이터'로 옮겨갔다. 이같은 이동통신 기술 발전에 따라 이용자들의 모바일 라이프스타일Lifestyle 에도 변화가 뒤따랐다.

모바일 이용은 과거 음성통화 중심에서 SMS · 이메일 · 웹서핑 등 데이터통신 서비스를 거쳐 스마트폰 기반의 '생활편의' 서비스로 진화했다. 앱 하나만 다운받으면 은행에 갈 필요도 없어졌으며, 버스 도착시간을 친절하게 알려주고, 내 건강을 지켜주는 헬스 트레이너의 역할을 하게 된 것이다.

실제로 각종 통계에서 모바일 이용 시간의 급증이 관찰되며, 모바일이 생활의 중심으로 자리 잡았다.

정보통신정책연구^{KISDI} 의 2018년 한국미디어패널조사^{4,116가구 내 9,332명 대상}에 따르면, 매체별 이용시간 중 핸드폰은 2011년 대비 거의 두 배 가량 증가한 반면, 종이매체는 같은 기간 30% 가량 감소했다. 또 컴퓨터도 소폭 감소하는 모습을 보이고 있다.

일 평균 핸드폰의 이용시간은 약 2시간 2분^{'18년}이며, 컴퓨터의 일 평균 이용시간은 약 1시간 4분으로, 핸드폰 이용시간이 컴퓨터의 두 배에 달했다.

또 네트워크 기술의 발달로 데이터 속도가 빨라지고, 스마트폰 · 태블릿PC 등 스마트기기가 일반화됨에 따라 고속 · 고용량 데이터 서비스 이용이 확산되고 무선 트래픽도 대폭 증가하는 추세를 보이고 있다.

모바일 중심 라이프

과학기술정보통신부에 따르면 올해 1월 이동전화 무선데이터 트래픽은 3812TB^{테라바이트}로 전월보다 1.5%^{5947TB} 증가했다.

휴대전화 데이터 트래픽이 40만TB를 넘어선 것은 처음이다. 작년 동기 31만3716TB보다 28.7%^{9만96TB} 늘어난 것이다. 2012년 1월 2만3566TB에 비해서는 7년새 17.1배 증가했다.

'모바일 중심 라이프'는 정보습득과 사회적 소통을 넘어서 금융과 쇼핑 같은 다른 분야에도 파급되고 있다.

금융 서비스의 경우 모바일이 주는 편리성으로 현금 입출금기^{CD}나 텔레뱅킹은 축소되고 있는 반면, 인터넷뱅킹$^{모바일뱅킹 포함}$은 지속 상승세다.

한국은행이 발표한 '2018년 중 국내 인터넷뱅킹 서비스 이용현황'에 따르면 지난해 입출금과 자금이체 등 간단한 금융서비스를 위해 은행 창구를 찾는 비중이 10% 미만으로 줄어들었다. 반면 인터넷뱅킹$^{모바일뱅킹 포함}$을 이용하는 비중은 절반$^{53.2\%}$을 넘어섰다. 입출금과 자금이체 거래 건수에서 인터넷뱅킹$^{모바일뱅킹 포함}$이 차지하는 비중은 지난해 12월 53.2%로 나타났다. 전년 동기$^{45.5\%}$ 대비 7.7% 포인트 상승했다.

반면 현금인출기^{CD}나 현금자동입출금기^{ATM} 비중은 지난해 12

월 30.2%로 1년 전[34.7%]에 비해 4.5% 포인트 하락했다.

은행 창구와 텔레뱅킹 이용 비중은 8.8%와 7.9%로 1년 전[10.0%, 9.9%]보다 각각 1.2% 포인트 2.2% 포인트 낮아졌다.

스마트폰에서 공인인증서 없이 결제할 수 있는 간편결제 · 송금 서비스도 빠르게 성장하고 있다.

한국은행이 발표한 2017년 전자지급서비스 이용 현황[일평균]'에 따르면 간편결제 · 송금 서비스 이용금액은 전년[328억원]보다 약 3배 이상 증가한 1023억원으로 역대 최고치를 기록했으며, 이용건수도 281만건으로 전년[100만건]보다 180.1% 많아졌다.

간편결제는 카드를 모바일에 저장해두고 비밀번호를 입력해 결제하는 서비스로, 지난해 하루 평균 이용건수는 1년 전보다 147.4% 늘어나 212만건으로 성장했고, 이용금액은 158.4% 증가해 672억원으로 확대됐다.

04

종속국에서
종주국으로

　이동통신이 사회 관계에 있어서 변화를 가져온 것은 물론, 통신의 발전은 우리나라의 ICT 산업 발전 측면에서도 의미가 깊다.

　세계 최초 CDMA 상용화'96년를 계기로, 이동통신 기술 종속국에서 종주국으로 도약한 것은 물론, 단말기 등 통신 장비 분야에서도 세계적인 리딩 국가로 떠올랐기 때문이다.

　SK텔레콤은 '96년 1월 1일 세계 최초 CDMA 방식 디지털 이동전화 서비스를 개시했다. GSM 방식의 유럽 장비와 단말을 수동적으로 들여오는 것이 아니라 CDMA방식의 기지국 장비 등 관련 시스템과 단말기의 독자 개발이 이루어졌고, 이는 이동통신 기술 종속국에서 주도국으로 거듭나는 계기가 됐다.

당시 국내 경제를 대표하던 자동차 · 철강 · 반도체 · 조선 등이 수출 견인형 사업이었다면 이동통신산업은 내수 견인형 성장 패턴으로, IMF 이후 침체된 내수 경기를 활성화 하는 역할을 하면서 한국 경제의 한 축을 이루게 됐다.

CDMA 상용화 이후, 우리나라는 연달아 세계 이동통신 네트워크 기술의 발전을 선도해왔다.

2002년 세계 최초 3G $^{EV-DO}$ 서비스 상용화, 2006년 세계 최초 휴대폰 기반 3.5G ^{HSDPA} 상용화, 2013년 세계 최초 LTE-A 상용화 등 네트워크 기술 종주국으로서 위상을 떨쳤다.

세계 최고의 통신 인프라는 안정적인 내수시장 제공뿐 아니라 단말기 산업의 테스트베드로 기능하며 국내 단말기 제조사들에게도 성장의 기회를 제공했다.

국내 단말기 제조사의 기술력은 아날로그 방식 때에는 구미 업체들에게 열세였으나 세계 최초 CDMA 상용화를 기점으로 폭발적으로 성장했으며, 삼성 · LG 등 대한민국 단말 제조사들이 전 세계 이동전화 시장에서 메이저 플레이어로 우뚝 서는 계기가 됐다.

05

사라질 것
생겨날 것

3G 때 유선 전화가, 4G 때에는 PC가 사라지고 있다. 그렇다면 5G 시대에는 어떤 것이 사라질까.

많은 사람들이 유력하게 손 꼽는 것은 'TV'다. 유선 전화기와 PC가 각각 3G, 4G 시대에 전화기 안으로 들어온 것처럼 5G 시대에는 TV가 사라질 차례라는 것이다. TV가 모바일 스트리밍 Streaming으로 들어오고 있기 때문이다. 이미 10대·20대 젊은 층에서는 TV를 거의 보지 않고 있다. 자기가 보고 싶을 때 골라볼 수 있는 VOD 서비스를 선호한다.

아무 곳에서나 통화할 수 있는 모바일 통신의 편리성은 결국 유선 전화를 역사의 유물로 만들고 있다. 음성을 넘어 데이터까지도 빠른 속도로 실어 나를 수 있게 된 4G LTE는 PC마저 없애버렸다. 마찬가지로 집안 거실과 방에서만 볼 수 있는 TV 대신, 5G 시대에는 TV를 뛰어넘는 무언가가 생겨나지 않을까.

5G는 4G에 비해 데이터 전송 속도를 최대 20배 향상시킨 이동통신 기술이다. 수많은 사물이 연결되고 지능화되고, 통신과 하드웨어 및 소프트웨어가 융합해 소위 4차 산업혁명으로 진화하고 있다. 데이터 전송 속도가 빨라지면 관련 기술도 혁신하고 우리의 삶도 변한다.

과거 3G 시절 처음으로 상대방의 얼굴을 보면서 통화를 했다. 그리고 본격적인 영상 시대, '동영상' 시대는 4G 때 꽃을 피웠다. 실시간 스트리밍 기술 덕분에 우리는 스마트폰을 통해 동영상과 음악을 마음껏 보고 들을 수 있게 됐다.

만약 우리에게 3G의 속도를 넘어서는 4G가 없었다면, 지금의 유튜브 환경은 만들어지지 않았을 것이다. 어느 곳에서나 동영상을 스트리밍해 실시간으로 동영상을 즐길 수 있는 환경이 만들어졌기에 4G 시대의 최대 수혜자인 유튜브가 확산될 수 있었다.

방송통신위원회가 발표한 '2018년도 방송매체 이용행태 조사'에 따르면, 구글 유튜브, 페이스북, 넷플릭스 등 해외 업체가 국내 OTT[*] 시장에서 차지하는 비중은 50%를 넘었다.

온라인 동영상 제공서비스(OTT) 이용률(%)

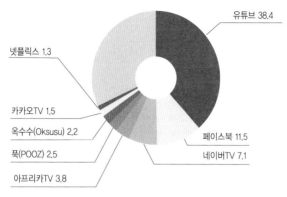

유튜브 38.4

넷플릭스 1.3

카카오TV 1.5

옥수수(Oksusu) 2.2

푹(POOZ) 2.5

아프리카TV 3.8

페이스북 11.5

네이버TV 7.1

※2018년도 방송매체 이용행태 조사 보고서(자료: 방통위)

유튜브가 38.4%로 압도적 1위에 올랐고 페이스북[11.5%], 네이버 TV[7.1%], 아프리카TV[3.8%], 푹[2.5%], 옥수수[2.2%] 등이 뒤를 이었다. 유튜브와 페이스북에 넷플릭스 점유율[1.3%]까지 합치면 51.2%로 해외 업체의 이용률이 절반을 넘었다.

신인 아이돌에 불과했던 방탄소년단[BTS]이 빌보드 앨범 차트에 서 1위를 하는 일이 일어나고 있다. 과거에는 꿈도 꿀 수 없었던 일이다. 방탄소년단은 신문과 방송 등 전통 방식의 미디어가 아

---

* Over The Top 인터넷만으로 영상콘테츠를 제공하는 TV서비스

닌, SNS 소셜 미디어로 통해 전세계를 대상으로 자신을 알렸기에 '월드 스타'로 떠오를 수 있었다. 전통 미디어의 불가능^{연결의 한계}을 가능으로 만든 게 초연결의 플랫폼인 소셜 미디어였던 것이다.

최재붕 성균관대 기계공학부 교수는 한 언론과의 인터뷰에서 방탄소년단이 월드스타가 된 비결을 "데뷔 초기부터 유튜브 방송을 시작했고, 온라인을 통해 그 킬러 콘텐츠가 막강한 팬덤을 형성했다"고 강조했다.

모바일 게임 산업도 마찬가지다. 과거 3G 시절 한때를 풍미했던 '앵그리 버드' 처럼 핸드폰에 설치되는 게임은 네트워크가 불필요하다. 하지만 최근 유행하는 모바일 베틀그라운드는 4G 수준의 네트워크가 필요하다. 스마트폰의 사양뿐만 아니라 네트워크의 발전이 없었다면 모바일 게임 산업의 발전은 기대하기 어려웠을 것이다. 또 최근 해외 업체들이 잇따라 계획을 발표하고 있는 클라우드 게임도 5G 네트워크를 기반으로 빠른 확산이 기대된다.

올해 한국콘텐츠진흥원이 발간한 '2018 대한민국 게임백서'에 따르면, 2017년 국내 게임시장 규모는 전년 대비 20.6% 성장한 13조1423억원으로 나타났다.

특히 PC 게임과 모바일 게임의 매출 역전이 가장 먼저 눈에 띈다.

2017년 기준 모바일 게임은 6조2102억원 ^{점유율 47.3%}의 매출을 기록했고 PC 게임은 4조5409억원 ^{점유율 34.6%}의 매출을 보였다.

모바일 게임은 PC 게임, PC방 ^{1조7600억원, 점유율 13.4%}, 콘솔 게임 ^{3734억원, 점유율 2.8%} 등의 분야를 제치고 전체 게임 시장에서 가장 큰 비중을 차지했다.

게임 수출도 최근 7년 새 가장 높은 성장세를 달성했다. 2017년 국내 게임 산업의 수출액은 전년 대비 80.7% 증가한 59억2300만 달러 ^{6조6980억원}이다. 주요 수출국은 중화권 ^{60.5%}, 동남아 ^{12.6%}, 일본 ^{12.2%}, 북미 ^{6.6%}, 유럽 ^{3.8%} 순으로 조사됐다

온라인 플래폼 기업들이 성장세를 보이면서 기업 서열 뒤바뀜이 곳곳에서 일어나고 있다. 페이스북, 유튜브, 인스타그램, 넷플릭스 같은 플랫폼을 갖춘 스타트업이 기업 가치나 영향력 측면에서 수 십년 전통의 기업을 제치고 지각 변동을 일으키고 있다.

5G의 기술적 변화에 따라 새로운 산업들도 출현하게 될 전망이다. 5G는 2016년 이래 우리 사회 최고의 관심사로 떠오른 '4차 산업혁명'과 떼려야 뗄 수 없는 관계다. AI가 주도하는 자동화와 함께 수 백억개 사물을 연결하고 서로 다른 분야를 융합해 미래 산업을 이끌 초고속 · 초고용량의 기반 기술이 바로 5G다.

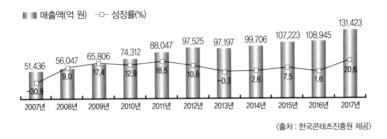

〈출처 : 한국콘텐츠진흥원 제공〉

4차 산업혁명을 위한 기술은 빅데이터, 클라우드, IoT 등이 거론된다. 하지만 중요한 점은 이런 기술 요소가 탑재된 사물 기기들이 서로 연결돼야 가치가 생긴다는 것이다.

옛말에 '구슬이 서 말이라도 꿰어야 보배'라고 했다. 네트워크에 연결되지 못한 컴퓨터는 별다른 쓰임새가 없다. 유튜브나 페이스북은 대단한 연결의 힘을 지녔지만 빠른 통신망 덕에 영향력을 보일 수 있는 것일 뿐, 이를 뒷받침하는 통신 인프라가 없으면 무용지물이다.

통신 기술을 통해 사물들이 서로 연결되어 정보를 주고 받아야 지금까지 찾아볼 수 없었던 가치가 생겨나 완전히 새로운 세상이 온다. 이런 맥락에서 5G는 4차 산업혁명을 가능케 하는 핵심 인프라다.

전설이 된 TV전성기

5G 시대가 본격화되면 TV가 사라질 것이라는 예측과 관련, 방송 생태계의 흐름을 살펴보면 절로 고개가 끄덕여진다.

방송의 영역은 영상 제작·영상 송출·외주 지원 등 크게 3가지로 분류된다.

영상 제작은 KBS 등 지상파^{공중파}, JTBC 등 종합편성채널, 프로덕션 등 영상 기획부터 편집까지 방송 영상 콘텐츠를 만드는 작업을 하는 분야다. 외주 지원은 광고대행사나 광고기획사, 연예기획사 등 영상 제작과정에서 협업을 담당하는 역할이다. 영상 송출은 Btv 등 IPTV, 위성방송, SO처럼 제작된 방송영상 콘텐츠를 시청자들에게 전달하는 분야다.

TV 전성기 시절은 공중파가 영상 송출과 영상 제작 두 분야를 함께 도맡았던 때다. 영상에 관한 생산과 유통 모든 권한을 독점하던 권력자였던 셈이다. 옛날에 TV를 보려면 안테나를 통해 전파를 받아 TV를 시청하는 직접 수신의 방법 밖에는 없었다.

1990년대 들어 유선 방송의 등장으로 지상파 독점구도에 금이 가기 시작했다.

안테나를 통해 전파를 수신하는 지상파의 경우 산간·도서 벽지 등 이른바 난시청 지역 주민들에게 콘텐츠 소비 욕구를 충족시켜 주기에 한계가 있었다.

전파가 도달하지 못하는 난시청 지역에 대한 대책으로 등장한 게 유선방송사업자[SO] 다. 케이블 전송망을 설치하고 수십 개의 채널을 운영하는 회사와 함께 프로그램과 영상콘텐츠를 만드는 영상채널사업자[PP] 가 등장하면서 케이블 TV가 지상파의 시장을 침범하기 시작한 것이다.

일정한 요건만 갖추면 영상 콘텐츠를 제작하고, 송출을 전문적으로 하는 등 분야가 전문화되기 시작했다. 대형 연예기획사가 생겨난 것도 이즈음. 당시만 해도 외주 지원 분야인 연예기획사는 영세한 수준이었다. 삼성, 롯데 등 국내 주요 대기업을 중심으로 인하우스 광고대행사를 설립해 그룹 물량을 자체적으로 해결한 것이 외주 지원 분야의 서막이었다.

2000년대 들어 변화의 급물살을 타기 시작했다. 케이블 TV에 이어 인터넷망으로 방송을 송출하는 이동통신사 디지털방송IPTV이 등장했다. 여기에 DMB, 위성방송스카이라이프 까지 가세해 동영상 콘텐츠를 제공했다.

지상파의 영상 송출 영역이 양분·삼등분 되기 시작했고, 영상 제작 분야도 지각변동을 일으켰다. CJ가 영상 콘텐츠 제작에 대규모 투자에 나섰고, 조선일보 등 대형 신문사들이 종합편성 채널 사업에 나섰다. 종편은 뉴스 뿐만 아니라 예능이나 드라마 다큐멘터리 등 각종 장르의 프로그램을 제작 편성할 수 있는 만능 방송이다. 채널이 다양해지자 방송사에 프로그램을 외주제작해 공급해주는 외주 지원 분야가 고도화됐다.

변화하는 미디어 환경

2010년들어 변화는 더욱 더 커졌다. 스마트폰이 보급되고 스트리밍 방식의 기술로 동영상 트래픽을 처리할 정도의 통신의 기술이 발전했기 때문이다.

영상 송출 분야의 넷플릭스와 유튜브가 디지털 동영상 시장의 최강자로 등장한 것도 이와 무관치 않다. 넷플릭스가 긴 영상 콘텐츠 중심으로, 유튜브가 짧은 동영상 콘텐츠 중심으로 동영상 시장을 평정하기에 이르렀다.

방송과 인터넷 동영상은 뿌리가 다른 기반이지만 통신 기술과 전송 속도의 발전으로 통합화되는 추세다. 특히 10대~20대를 중심으로 TV 보다는 모바일을 선택하는 양상이다. TV가 더 이상 플랫폼 역할을 하지 못하자 영향력도 계속해서 떨어지고 있다. 과거 공중파 시청률은 50% 넘는 일이 제법 있었다. 지금은 전설이 된지 오래다.

지상파에서 드라마가 '대박' 나더라도 과거만큼 시장에 큰 여파를 주지 못한다. 드라마를 TV에서 시청하는 게 아니라 IPTV나 모바일 앱을 통해서 몰아서 보거나 자기가 보고 싶을 때 VOD로 보는 세상이 됐기 때문이다. 더 이상 TV는 플랫폼으로서 기능을 잃었다. 그 자리를 꿰찬 게 스마트폰이다.

방송생태계의 흐름상 결국 TV는 OTT에 자리를 내줘야 하는 신세로 전락 할 위기에 놓였다.

07

초고속
초저지연
초다연결

5G 시대 모바일 서비스를 알아보기 위해서는 우선 5G 기술의 특징을 알아야 한다.

도로에 비유하자면 2차선 도로를 8차선으로 넓히고, 고가도로와 지하도에 새로운 길까지 넓힌 게 5G 환경. 5G는 4G ^{LTE} 보다 최대 20배 빠른 초고속성 ^{20Gbps}, 10분의 1 이하의 초저지연성 ^{1ms,} $^{0.001초}$, 10배 동시접속이 많아진 초다연결성 $^{1 km^2당 100만개 사물인터넷}$ $^{동시 연결}$ 등 3초 ^{超}가 가장 큰 특징이다.

첫 번째 특징 초고속성. 5G는 현재 국민 대부분이 사용중인 LTE보다 20배 이상 빨라진다. 2GB 분량의 영화 한 편을 다운로드할 때 4G^{LTE}로는 16초^{1Gbps} 걸리는데 비해 5G는 0.8초^{20Gbps}로 줄어든다. 현재 고화질 영상을 스트리밍으로 보는 속도나 자신의 모바일폰에 다운로드 받아 보는 속도나 별 차이가 없는 수준이다.

최근 스마트폰으로 시청하는 유튜브 등의 4K 고해상도 영상이나 모바일 게임을 스트리밍 방식이 아닌 다운로드를 통해 즐길 수 있게 된다.

광속 같은 빠른 속도 덕에 대용량 데이터 전송이 가능해진다. 이에 따라 4G 때처럼 동영상 서비스나 홀로그램, AR · VR 서비스 등 대용량 데이터 트래픽을 유발하는 서비스들이 5G 시대에서 가장 큰 혜택을 입을 전망이다.

4G LTE를 통해서도 이용이 가능하지만 빠른 전송 속도와 저지연성의 특성이 결합되면 이용자들은 더 현실감을 느끼고, 더 생생한 체험을 하게 된다.

두 번째 특징 초저지연성. 4G의 지연속도는 0.03초$^{30ms \; 이하}$ 가량인데, 5G의 지연속도는 0.001초다.

지연시간은 단말기에서 신호를 보낸 뒤 이에 대한 응답신호를 받을 때까지 걸리는 시간이다. 즉 이용자가 스마트폰에서 데이터를 보내면 기지국·교환실·서버 등을 거쳐 다시 스마트폰 단말기로 돌아오는 시간이 바로 지연시간이다. 지연시간이 없어진다는 것은 움직이는 물체를 발견하고 피하는 시간이 빨라진다는 것이고, 또한 원격 제어가 가능해진다는 의미다.

자율주행차가 물체를 인식하고 제동장치에 멈춤 명령을 전달하는데 지연이 없어야 하고, 원격으로 진행되는 수술은 의사의 손 움직임을 지연 없이 전달해야 하는데 5G는 이를 가능하게 한다.

그렇다면 5G의 지연속도 0.001초는 어느 정도를 의미할까. 우리가 통상 정말 짧은 시간을 언급할 때 '눈 깜박할 사이'라고 한다. 과학적으로 눈을 깜박이는 시간은 0.1초에서 0.5초 사이. 눈 깜박하는 시간의 100분의 1에서 20분의 1에 해당하는 시간이므로,

· 5G 주파수 특징

구 분	3.5 GHz	28 GHz
기술 방식	− 광대역(1대역100MHz) 구성 − LTE 주파수 대비 3배 효율	− 초광대역(1대역 1GHz) 구성이 가능 − 직진성이 매우 강하고 투과율이 낮아 망 설계 및 구축 난이도가 높음
특징	커버리지 확대 용이	초고속 구현 용이
최고 속도	2∼5 Gbps	20 Gbps
적합한 서비스	IoT, 자율주행, 스마트폰 등	초고화질 영상, AR·VR 홀로그램 등
커버리지	추후 전국 커버리지	트래픽 초밀집 지역(주요 거점)

5G의 지연시간은 한 마디로 '실시간' '無遲延^{무지연} 시간'이다.

자율주행차가 시속 100Km로 달린다고 가정해보자. 1초에 27.7m를 이동하는 속도다. 자율주행차가 4G에 연동될 때와 5G에 연동될 때 그 차이는 확연히 드러난다.

4G의 지연 시간은 0.03초로 계산하면 83.3cm, 5G 지연 시간은 0.001초로 2.77cm다.

다시 말해 돌발적인 물체 출현으로 자동차를 멈추고자 해도 4G 체제에서는 통신 지연 ^{Latency} 때문에 83.3cm만큼 더 이동하지만, 5G 체제에서는 2.7cm만큼 이동해 멈춘다는 계산이 나온다. 80cm의 거리에 사람이 있었다면 그 사람의 생사가 갈릴 수 있는 차이가 아닐까.

초저지연성은 향후 산업을 다양하게 변화시킨다. 자율주행차가 도로에 설치된 센서를 통해 각종 정보를 '실시간'으로 전달받을 수 있게 된 것이나 가상현실^{VR}과 증강현실^{AR} 같은 '실감형' 콘텐츠를 즐길 수 있게 된 것은 5G 초저지연성 특성 때문이다.

5G의 초저지연성은 자율 주행은 물론 원격 수술, 원격 운전^{조종} 등 신뢰성을 필요로 하는 서비스도 제공한다. 위험한 공정을 수행해야 하는 산업현장이나 화재·지진 등 재난현장에서 원격 운전^{조종}이 제공하는 가치는 매우 크다. 5G는 사회 안전망 구축에서도

매우 중요한 인프라 역할을 하게 된다.

세 번째 특징 초다연결성. 5G 특징의 하나는 더 많은 단말기가 동시에 접속 가능해진다는 것이다. 센서가 탑재된 단말기가 더 많이 연결됨으로써 과거 수집에 한계가 있었던 수많은 정보가 모이게 된다. 4차 산업혁명의 기술인 IoT^{사물 인터넷} 시대가 본격적으로 열린다는 의미다.

이동통신 서비스는 당초 사람과 사람의 커뮤니케이션을 위해 출발했지만, IoT 센서를 활용해 아날로그 데이터를 디지털 데이터로 수집하는 길이 확대되면서 사물^{기계}과 사물간의 통신이 가능해졌다.

5G 시대를 맞아 강조되는 스마트시티, 스마트 팩토리 분야에서 데이터를 주고 받는 통신 기기가 기하급수적으로 늘어나는 추세다.

GSMA^{세계 이동통신사업자협회}는 2017년 인터넷과 연결된 IoT 기기 수는 75억 대에 달했지만 오는 2025년에는 251억 대로 늘어날 것으로 전망했다.

올해 5G 상용화로 여러 기기와 서비스들이 앞다퉈 등장하고 있어 IoT 사업이 더욱 활발해질 것이다. 이는 바로 5G의 기술특성

초연결성 덕분이다.

정리하면 5G의 초고속 특성을 응용해 4K 또는 8K UHD · 홀로그램 · 가상현실^{VR} · 증강현실^{AR} 등의 서비스를 구현할 수 있게 된다. 초저지연의 특성을 응용해 원격 진료^{수술}, 로봇 실시간 원격조종, 커넥티드 카 등의 서비스를, 초연결 특성을 통해 스마트 팩토리, 스마트 시티, 시설과 환경 원격 감시 · 제어, 사물 인터넷 등의 서비스도 빠르게 선보일 전망이다.

08

진정한 모바일
방송시대

5G가 우리 실생활에 제공할 다양한 가치를 상상해보자. 끊김 없는 통신 환경, 진정한 모바일 방송시대, 현실보다 더 생생한 가상현실 게임이 대표적으로 손꼽힌다.

불꽃 축제처럼 엄청난 인파가 몰리는 행사의 경우 모바일 인터넷 접속은 커녕 음성통화조차 잘 안됐다. 3G는 물론 4G 시대에서도 완벽하게 해결하지 못한 문제다. 5G 시대에는 넓은 주파수 대역과 초연결성 특성으로 인해 엄청난 인파 속에서도 통화는 물론 인터넷을 끊김 없이 이용할 수 있다. 게다가 영상통화는 선명한 고화질 화면으로 바뀔 것이고 360도 라이브 영상전화로 소식을 주고 받는 경우도 여기저기서 눈에 띌 것이다.

또 5G 시대에 주목해야 할 것은 업로드 기술의 진보다. 4G 시대에는 다운로드 대비 업로드는 상대적으로 속도가 느리다는 단점이 있었다. 하지만 5G 시대에서 업로드 환경이 대폭 개선된다. 이같은 기술적 진보는 유튜브 영상 전송 등 1인 미디어 산업에 있어 혁명적 환경을 조성할 가능성이 높다. 과거처럼 영상 전송을 위한 별도의 장비들이 필요치 않고 어디서나 실시간으로 찍은 영상을 고화질로 바로 전송할 수 있게 된다. 1인 방송국을 위한 최적의 환경이 만들어지고, 1인 미디어 산업이 대폭 확장될 것으로 전망되는 이유다.

4G의 기술적 한계는 한 발짝 늦은 시차, 즉 지연성Latency 이다. 축구나 야구 등 스포츠 중계 시 결정적인 장면에서 TV를 시청한 시청자들이 환호성을 지를 때 스마트폰으로 중계를 본 사람들은 '무슨 일이지?' 하며 의아해하다 뒤늦게 골이 들어갔거나 홈런이 나온 것을 알게 된다. 뒷북 치는 것 같고 흥이 깨진다. 환호할 수도, 박수 칠 수도 없는, 김샐 노릇이었다.

버퍼링 없는 진정한 모바일 방송시대가 열린다. 지금까지는 모바일로 시청 도중 통신환경이 원활하지 못할 경우 화면이 정지하는 버퍼링 현상을 종종 겪었다. 개그 콘서트의 버퍼링을 빗댄 개그 상황극은 앞으로는 '응답하라 1994' 같은 과거 드라마에서나

볼 수 있는, 추억으로만 남을 전망이다.

　시청자가 아닌, 콘텐츠 제공자 입장에서도 5G 환경은 '달리는 말에 날개를 달아 준 격'이다. 집이나 사무실에서 웹캠으로 방송하던 방식에서 탈피, 스마트폰 장비 하나만으로도 야외에서 자신만의 생방송을 할 수 있다. 개인방송 시대를 맞아 유튜브, 아프리카TV 등 MCN* 채널을 통해 자신만의 방송을 하는 1인미디어 크리에이터들이 상당히 많은데, 지금보다 저비용으로 고화질의 개인 방송을 안정적으로 할 수 있게 되는 것이다. 재능있는 유투버라면 굳이 방송사, 기획사로부터 선택을 받지 못해도 본인의 숨은 끼와 노력에 따라 세상 사람들로부터 관심을 받는 인기 크리에이터의 꿈을 이룰 수 있는 세상이 왔다.

1인 미디어를 위한 최적 환경

　K-POP 아이돌 그룹이 공연을 할 때 과거에는 TV가 중계하는 화면만 볼 수 있었다. 하지만 이제는 동영상 플랫폼 위에서 동시

---

* 다중채널네트워크(Multi Channel Network) 인터넷 방송에서 활동하는 스타들의 수익과 일정 등을 관리해주는 일종의 기획사를 일컫는다.

에 전송되는 수십 대의 카메라 화면 중 자신이 가장 좋아하는 장면을 '골라' 볼 수 있다.

5G 시대는 모바일 게임 시장에도 많은 영향을 줄 것이다. 초고속·초저지연 등의 특성은 보다 쾌적한 게임 플레이를 가능하게 한다. 대용량 데이터 전송이 필요한 가상현실^{VR}게임의 경우 보다 더 생생한 게임을 할 수 있다. VR 시장이 5G시대 가장 주목 받는 이유이기도 하다. 4G 시대에 우리에게 친숙한 서비스들은 5G로 인해 한층 더 높은 수준으로 업그레이드된다.

AI스피커가 내 친구가 되고, 차량이 운행되는 중에도 운전대를 신경 쓰지 않고 잠을 잘 수 있는 것. 이게 모두 5G 특성 덕분이다. 5G 시대에서는 초고속·초저지연 등 기술적 특성으로 자연스럽게 해결되기 때문이다.

더욱 눈여겨봐야 할 점은 기업과 산업에 제공하는 가치다. 4차 산업혁명을 위한 기술에는 빅데이터·AI·IoT·클라우드 등이 있는데, 이런 기술이 탑재된 기기들이 기하급수적으로 연결되는 중이다.

앞서 말했듯이 '구슬도 꿰야 보배'인 것처럼 ICT 기술을 통해 기기, 사물들이 서로 연결돼 정보^{데이터}를 주고받아야 하는데, 연결의 통로가 바로 5G다. 데이터가 돌아다닐 도로가 좁고, 막혀 있으면 4차 산업혁명은 요원하다.

즉, 5G는 IoT 센서를 통해 수많은 아날로그 데이터를 수집해 클라우드상에서 보관 · 처리하고 AI · 빅데이터를 통해 그동안 분석하지 못했던 인사이트를 찾아 인류의 난제를 해결하는 기반이라는 의미다.

5G가 산업의 디지털 전환^{DT: Digital Transformation}을 촉진함으로써 4차 산업혁명으로 도달하는데 기여할 것이다.

기업들은 5G의 초고속 · 초저지연 · 초연결성 특성을 활용해 새로운 기회, 기존의 판을 뒤엎을 기회를 모색하고 있다. 제조, 물류, 미디어 · 유통 · 금융 등 수많은 산업 영역에 걸쳐 5G를 활용하는 새로운 서비스들이 기획 · 개발되고 있다. 이동통신사들이 5G를 계기로 기업 고객^{B2B}을 더욱 강화하는 배경이기도 하다.

09

새롭게 선보인
5G 기술 사례

■ 진화된 '자율주행' 기술

자동차가 스스로 운전하는 '자율주행'은 자동차 제조사의 기술 아니냐는 질문이 많다. 하지만 통신 기술을 이용해 도로주변의 정보를 자동차에 전달해 준다면, 더욱 안전한 운행이 가능하다. 이게 바로 '커넥티드 카'Connected Car의 개념이다.

SK텔레콤은 2018년 2월 화성에 있는 자율주행 실증도시 'K-city'에서 복수의 자율주행차가 협동 주행하는 시연에 성공한 바 있다. 2018년 11월에는 카셰어링^{차량공유} 자율주행을 국토교통부·한국도로공사·서울대·쏘카·SWM^{에스더블유엠} 등과 함께 경기도 시흥시에서 선보이기도 했다. 또한 5G 기반의 자율주행을 위한 필수품인 초정밀지도^{HD맵} 제작을 위한 준비를 차근차근 밟아가고 있다.

HD맵은 센티미터 단위로 도로 차선·신호등·주변 장애물 정보를 기록한 디지털 지도이다.

SK텔레콤과 유럽 히어^{HERE}, 중국 내브인포, 일본 파이오니아 등과 글로벌 통합 초정밀지도^{HD맵} 제작 얼라이언스를 구축했다. 이 얼라이언스는 2020년까지 하나의 표준 기반 글로벌 HD맵을 제작할 예정이다. HD맵은 5G를 통해 실시간으로 업데이트된다.

도요타, 닛산, 혼다 등 일본 자동차 업계와 미쓰비시전기, 지도 제작업체들은 DMP^{Dynamic Map Platform Co} 합작기업을 설립, 3만 km에 달하는 일본 고속도로의 3D 지도 제작을 추진하고 있다.

히어는 노키아가 설립한 지도서비스 업체로, 2016년 독일 자동차 3사^{아우디,BMW, 메르세데스 벤츠}에서 인수했다. 인텔의 지분참여 ^{15%}를 통해 미국·유럽 지역의 고속도로 대상 HD맵을 구축하는 등 대상 지역을 확대하고 있다

■ 5G에서도 중요한 미디어 컨텐츠

휴대폰은 처음 음성 통화용으로 시작했지만, 2G-3G-4G의 디

지털 기술 발전을 겪으면서 문자에서 음성으로, 그리고 영상을 처리할 수 있게 됐다. 또 애플의 아이폰 개발을 통해 휴대폰은 컴퓨터의 기능을 수행할 수 있는 스마트폰으로 변신했다. 이제 스마트폰은 명실상부한 '모바일 디지털 미디어'라고 불러도 손색이 없다.

5G 상용화 시대에서 주요한 킬러 콘텐츠 중의 하나가 동영상이 될 것은 자명하다. 스마트폰의 동영상 이용 시간은 꾸준히 증가하고 있다. 유튜브 등의 인기가 계속 될 것으로 전망되며, 5G 특성 중 하나인 대용량 초고속 전송을 바탕으로 AR · VR 등이 확산될 것으로 보인다. 이에 따라 SK텔레콤은 차세대 AR기기부터 AR게임 콘텐츠까지 5G 킬러 서비스 경쟁력 확보를 위해 세계적인 AR기기 제조사 매직리프, 포켓몬GO로 유명한 AR콘텐츠 기업 나이언틱과 5G 사업을 함께 추진 중이다. 또한 컴캐스트 그룹의 스포츠 및 엔터테인먼트 영역을 총괄하는 '컴캐스트 스펙타코어'Comcast Spectacor와 e스포츠 · 게임 공동 사업을 위한 조인트벤처 'T1 엔터테인먼트&스포츠'를 설립하기로 했다.

■ 5G 1호 가입자 '스마트 팩토리'

5G를 산업에 응용한 대표 사례는 스마트 팩토리다. 2018년 12월 1일 SK텔레콤은 경기도 안산 반월공단에 위치한 '명화공업'에

처음으로 5G와 AI 융합 서비스를 선보였다. 명화공업은 자동차 부품 전문 기업으로, 올해 예상 매출 약 6,100억원 규모의 회사다.

이날 명화공업은 SK텔레콤의 '5G–AI 머신 비전^{Machine Vision}'을 도입해 제품 품질을 검증하는 기술을 공개했다. 생산라인 위의 제품을 다각도로 촬영한 초고화질 사진은 5G 모바일 라우터를 통해 클라우드 서버로 전송되며 서버의 고성능 AI가 순식간에 사진을 판독해 제품 결함 여부를 확인하는 방식이다.

이 솔루션은 자동차 부품이 컨베이어 벨트를 지나가는 동안

5G 다기능 협업 로봇
· 로봇 내부 공간에 스스로 제품을 적재하고 자율주행으로 이동
· 5G망을 통해 인공지능 서버에서 다기능 협업 로봇에 명령 전달

설비관리 AR
· 근로자가 AR 안경을 쓰면 설비, 부품 정보, 조립 매뉴얼 등을 실시간으로 확인
· 5G로 연결돼 움직임 범위가 넓고 안정성이 뛰어남

5G–AI 머신비전
· 생산품이 컨베이어벨트를 지나가는 동안 1200만 화소 카메라로 사진 24장을 찍어 AI가 결함 여부 확인
· 5G망을 통해 클라우드 서버로 사진 전송

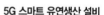

5G 접목 솔루션 5종

5G 스마트 유연생산 설비
· 1.5m×1m×2m 크기의 공장 설비 모듈들이 생산라인 기능에 따라 다양하게 조합
· 생산, 검수, 포장 등을 담당하는 모듈 3~10개가 모여 하나의 제품 생산 라인 구성

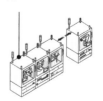

5G 소형 자율주행 로봇(AMR)
· 공장 내에서 사람을 돕기 위해 만들어진 소형 로봇
· 하단에 달린 바퀴 4개를 활용해 자율주행으로 좁은 공간에서도 능숙하게 움직임
· 5G망을 통해 클라우드 서버로 사진 전송

1200만 화소 카메라로 사진 24장을 다각도로 찍어, 5G를 통해 클라우드 서버로 전송한다.

5G를 이용해 대용량 사진 정보를 빠르게 전송하고, AI를 통해 불량 여부를 즉각 판단하는 게 솔루션의 핵심 기술이다.

10

주파수

5G 서비스를 위해 네트워크 장비, 단말 등이 필요하지만 가장 중요한 요소 중 하나가 주파수다. 주파수는 각 나라의 유한한 무형 자산이자 새로운 패러다임의 인프라에 비유되곤 한다.

주파수는 1초 동안 진동하는 정도를 나타내는 'Hz^{헤르쯔}'다. 1초에 50번 진동을 반복하면 50Hz, 100번 진동을 반복하면 100Hz 이런 식이다. 통신의 세대^G가 발전한다는 것은 고속도로와 같은 주파수 대역이 확장되는 것으로 비유할 수 있다. 통신용으로 사용된 800MHz 대역, 900MHz 대역, 1.8GHz 대역, 2.1GHz 대역, 2.6GHz 대역이 대표적인 도로다.

2G 시절 황금 주파수는 800MHz 대역이었다. 800MHz의 주

파수는 회절성이 뛰어나서 더 적은 기지국으로 더 많은 지역을 커버할 수 있었다. 회절성은 꺾이는 성질로, 반대말은 직진성이다. 회절성이 뛰어나다는 것은 건물 등 장애물을 만날 때 꺾여서^{휘어서} 피하거나 뚫고 들어갈 수 있다는 뜻이다.

3G WCDMA 시대에는 전 세계적으로 공통 대역이었던 2.1GHz 대역이 황금주파수로 떠올랐다. 자신의 휴대 단말기를 갖고 전세계 어디서나 로밍이 가능한 주파수가 바로 2.1GHz 대역이었던 것. 이 시절부터 스마트폰이 활성화되기 시작한다.

스마트폰의 등장은 새로운 통신환경을 만들어냈다. 소비자가 스마트폰으로 더 많은 데이터를 사용하기 시작하면서 주파수는 이동통신사에 또 다른 의미에서 핵심 인프라로 자리잡게 됐다. 즉 3세대까지는 황금 주파수라는 특정 대역을 확보하는 게 중요했지만, 스마트폰이 활성화되면서 특정 대역보다는 데이터가 흘러갈 수 있는 도로, 즉 주파수를 많이 확보하는 게 더욱 중요해진 것이다.

광대역 주파수

SK텔레콤은 2013년 주파수 경매를 통해 기존의 단방향

10MHz 보다 2배 넓은 20MHz 대역을 확보한다. 일명 '광대역 주파수'다. 이전까지는 1개 차선을 따로따로 사용해 75Mbps가 최고 속도였지만, 2개 차선을 함께 사용하는 광대역 주파수로 전환함으로써 150Mbps 속도를 구현해냈다.

2018년말 기준으로 5밴드 5CA를 적용한 4.5G 수준을 설명하자면, LTE 주파수 5개^{총 70MHz} 를 하나의 주파수처럼 묶어 데이터 전송 속도와 성능을 높인 상태다. 10MHz로 시작한 초기 LTE가 1차선 도로였다면 지금 LTE는 7차선 고속도로인 셈이다.

이 뿐만 아니다. 이에 앞선 2013년엔 여러 개의 도로^{주파수}를 묶는 CA^{Carrier Aggregation} 기술을 개발해 더 빠른 속도를 제공했다.

• 5G와 LTE(4G) 비교

5G	구 분	LTE(4G)
최대20Gbps(bit/sec)	초고속	최대 1 Gbps
0.8초	2GB 영화 다운로드	16초
1ms이하(0.001초)	초저지연	10~30ms(0.01~0.03초)
1km² 내 100만 기기 연결	초연결성	1km² 내 10만 기기 연결
초당 100Mb	초저속 보장	초당 10Mb
10Mbps/m²	면적당 데이터 처리용당	0.1Mbps/m²
500km/h	고속이동성	350km/h
LTE 대배 3배	주파수 효율	–
LTE 대배 100배	에너지 효율	–

이어 2014년에는 75Mbps 도로 ^{주파수} 2개를 CA 기술을 통해 하나로 묶어 225Mbps를 만들어냈다. 그해 6월 이런 기술을 바탕으로 세계 최초로 LTE−A를 상용화함으로써 이동통신사 사이에 본격적인 속도 경쟁이 불붙기 시작했다.

또한 데이터 송·수신 안테나를 기존 2개에서 4배로 늘린 '4×4 다중안테나^{MIMO; Multi Input Multi Output}' 기술을 통해 데이터 전송량을 높이는 등 1Gbps 이상의 속도까지 이르렀다.

앞으로 머지않아 5G망은 초저지연성을 통해 진정한 '실시간' 전송을, 20Gbps의 속도로 고화질을 구현하게 될 것이다.

11

고주파수 대역

5G 시대에는 스마트폰이 PC 역할을 대신하고 AR · VR 등 멀티미디어 콘텐츠와 서비스를 손 안에서 즐기게 되는 등 미디어와 콘텐츠 소비의 방식이 새롭게 된다. 달라질 미디어와 콘텐츠를 즐기기 위해서는 엄청난 양의 데이터를 사용해야 한다. 이를 뒷받침해줄 더 높은 주파수 대역이 바로 5G 주파수다.

5G 표준을 담당하는 3GPP 3rd Generation Partnership Project 는 5G의 주파수 대역폭과 관련, 표준 6GHz 이하 주파수에서는 100MHz폭을, 6GHz 초과 대역에서는 400MHz 폭을 각각 채널 최대 대역폭으로 결정했다. 30~300GHz에 해당하는 대역폭을 밀리미터파 mmWave, 우리말로 고주파수 대역이라고 부른다. 주파

수는 고대역일 수록 통신 속도가 더욱 빠른 성질을 갖고 있다.

우리나라의 경우 지난 2018년 6월에 3.5GHz 대역 및 28GHz 대역에 대한 5G 주파수 경매를 진행해 SK텔레콤과 KT, LG U+가 각각 주파수를 확보했다. 3.5GHz보다 28GHz를 이용하면 통신 속도는 '더' 빠르다.

하지만 고주파수 대역 주파수는 직진성이 강해 고층 건물과 같은 장애물을 만나면 전파가 반사되는 단점이 있다. 전파 손실이 크다는 뜻이다. 그렇기 때문에 LTE 시대까지는 고주파수 대역은 고려 대상이 아니었다. 지금까지는 LTE 주파수 대역으로 활용하고 있는 2.6GHz 대역이 가장 고주파수 대역이었다.

잃는 것과 얻는 것

이제 통신의 환경은 더 많은 사물과 연결돼, 더 많은 데이터를 수집 · 전송해야 하기에 결국 5G 주파수는 고대역이 불가피하다. 이동통신사들은 5G 서비스를 위해 LTE 시절보다 갑절로 촘촘히 구축해야 한다. 기지국 설립과 운용에 드는 비용이 막대할 수 밖에 없는 구조다. 따라서 이통사들은 그 부담을 조금이라도 줄이는 방안으로 3.5 GHz 대역을 최대한 활용해 서비스 커버리지를 확대하고, 28 GHz의 고주파수 대역을 통해 5G 속도를 높이는 전략을 내세웠다. 3.5 GHz 주파수는 이통사들이 지금까지 이용해왔던 주파수보다 높은 대역이어서 지하철 내 지하처럼 고대역 주파수가 쉽게 도달하지 못하는 장소의 경우 4G 때보다 더 많은 중계기를 설치해야 한다.

잃는 게 있으면 얻는 것도 있다. 고대역 주파수에서는 저대역 주파수에 비해 안테나 크기를 작게 만들어도 된다. 건물에 더 작은 안테나를 설치할 수 있고, 좀 더 많은 안테나 시설을 갖출 수 있다. 이를 통해 서비스 지역을 세분화할 수 있고, 특정 장소Spot 만을 위한 안테나 시설도 가능하다. 특정한 지역만을 겨냥해 서비스하는 통신 신호를 만들 수 있다는 뜻이다.

지난 2018년 11월 각국의 이동통신 사업자들은 5G 관련 논의를 펼칠 당시 5G 대역에 대한 통일을 강조했다. 'ONE 칩셋'으로 5G 주파수 대역을 사용하려면 주파수의 조화가 필요하고, 이를 통해 세계 각국의 5G 관련 장비·단말에 공히 통용됨으로써 규모의 경제도 이룰 수 있기 때문이다. 막대한 기지국 설치 비용을 효율적으로 대응하고자 전 세계 이동통신사들과 다양한 이해관계자들이 머리를 맞대고 노력중인 상황이다.

12

5G
무선인터넷 기술

■ 네트워크 슬라이싱 기술

컴퓨터에서 용도에 따라 C와 D 드라이브를 나눠 쓰듯 네트워크 상에서 가상의 파티션을 만들어 동영상 다운로드 또는 인터넷 뱅킹, IoT, AR · VR, 자율주행 등 서비스의 요구 수준에 최적화하는 기술에 비유할 수 있다.

5G 핵심 기술 중 하나로, 고사양의 물리적 네트워크를 서비스 특성 및 데이터 수요에 따라 소프트웨어를 통해 논리적으로 배분해서 쓰는 것이다.

예를 들어 자율주행차는 도로 위 실시간 위험에 반응하기 위해 '초저지연' 성능이 가장 중요한 반면, 상수도를 관리 운영하는 곳은 '초다연결' 성능이 중요하다. 각 서비스에 맞는 특성을 최적화해 운용 효율을 극대화하는 것이 가능하다.

기존에는 서비스별로 물리적 장비를 구축해야 해서 시간이 많이 걸렸으나, 네트워크 슬라이싱* 적용 시 시간을 대폭 단축하는 것이 가능해진다. 또 IoT를 비롯해 수많은 종류의 서비스가 등장하게 될 5G 시대에 보다 유연하게 네트워크를 관리할 수 있다.

■ 모바일 엣지 컴퓨팅

모바일 엣지 컴퓨팅^{MEC}은 5G 기지국이나 교환기에 소규모 데이터 센터를 설치해 전송 구간을 줄임으로써 전송과정에서 발생할 수 있는 지연^{Latency} 시간을 최소화하는 방식이다.

자율주행, 클라우드 게임 등 빠른 반응 속도를 요구하는 5G 서비스와 관련해 향후 가장 빈번하게 언급될 기술로, 모바일 단말의 가장 가까운 위치에서 클라우드 컴퓨팅을 제공하게 된다.

고객의 5G 스마트폰에서 인터넷 데이터센터로 데이터를 전송하는데 최소 4단계 과정을 거쳤으나 이 기술을 통해 2단계로 단

---

* Network Slicing 하나의 핵심 네트워크를 다수의 독립된 네트워크로 분리해 고객 맞춤형 서비스를 제공하는 것.

• MEC적용 · 미적용시 데이터 전송 경로

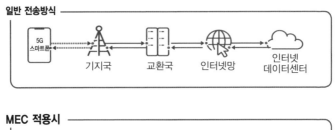

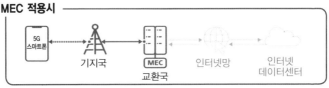

축돼 데이터 지연 시간이 60% 줄어든다. 클라우드 컴퓨터가 혼자 해오던 데이터 분석과 연산을 나누어 처리할 수 있게 되면서다. 각종 데이터를 중앙 서버로 보내는 절차가 생략되며 실시간 정보 처리가 가능해 초저지연성이 실현된다.

이에 따라 스마트 팩토리, AR · VR서비스, 클라우드 게임, 자율주행 · 차량관제, 실시간 생방송 등 5G의 초저지연성이 필요한 서비스에 유용하게 활용될 전망이다.

SK텔레콤은 MEC 플랫폼 구축과 함께 API Application Programming Interface를 제공하는 등 다양한 기업들과 협력을 추진 중이다. 'MWC 19'에서 도이치텔레콤의 자회사 '모바일엣지X'사와 MEC를 활용한 산업용 AR 서비스를 선보인데 이어 포켓몬GO로 유명한 '나이언틱'사와 신규 AR게임에 MEC 기술을 적용하는 것을 협의 중이다. 플랫폼의 개방을 통해 관련 생태계를 확장하고, 5G 기반의 다양한 서비스를 이끌어내려는 전략에서다.

■ 양자암호통신

통신이 더 많은 일을 하기 위해서는 신뢰가 필수다. 한 번의 해킹이 돌이킬 수 없는 결과를 만들 수 있다. 0과 1의 디지털 비트를 쓰는 기존의 암호체계는 슈퍼컴퓨터가 고도화될 수록 해킹의 위험도 커지게 된다. 그래서 주목되는 것이 양자암호통신이다.

양자암호통신은 '양자'*의 특성을 이용해 송신자와 수신자만이 해독할 수 있는 암호키Key를 만들어 도청을 막는 통신 기술이다. 현존하는 보안기술 가운데 가장 안전한 통신암호화 방식으로 평가 받는다.

양자는 독특한 성질이 있다. 완전히 다른 성질의 물질이 동시에 존재하고 누군가 내용을 들여다보면 다른 형태로 변해버린다. 탈

---

* Quantum, 더 이상 쪼갤 수 없는 물리량의 최소 단위

취나 복제를 시도하는 순간 암호의 형태와 내용이 바뀌기 때문에 해킹 시도를 원천적으로 봉쇄할 수 있다.

SK텔레콤은 2011년부터 양자암호통신 기술 개발을 시작해 2017년에는 세계에서 가장 작은 크기$^{5 \times 5mm}$의 양자난수생성기 QRNG · Quantum Random Number Generator 칩을 개발했다. 2018년 2월에는 IDQ*를 인수해 최고 수준의 기술력을 갖추고 있다.

또한 2019년 3월부터 5G 가입자 인증 서버에 IDQ의 양자난수생성기를 적용했다. 양자난수생성기는 양자의 특성을 이용해 패턴 분석 자체가 불가능한 무작위 숫자를 만드는 장치로, 통신 네트워크를 통한 해킹의 위험을 원천 봉쇄한다.

또 SK텔레콤은 4월부터 전국 데이터 트래픽의 핵심 전송 구간인 서울-대전 구간에 IDQ*의 양자키분배QKD, Quantum Key Distribution 기술을 연동해 5G와 LTE 데이터 송수신 보안을 강화 중이다.

앞으로 펼쳐질 '초超 시대'는 모든 사물과 사람이 네트워크로 연결되는 초연결 세상이다. 자율주행, 금융, 원격의료, 스마트 팩

---

* IDQ(ID Quantique)社 는 양자암호통신 분야에서 중국을 제외하고 전 세계 매출액과 특허 보유 등에서 1위 기업이다

토리 등 철저한 보안이 요구되는 영역에서 방대한 양의 데이터가 5G망을 통해 전달된다. 5G 진화에 맞춰 SK텔레콤이 양자암호통신 기술을 통해 최고 수준의 안전한 통신 인프라 구현에 집중하는 이유다.

■ AI 네트워크

'AI 네트워크'는 트래픽이 많이 발생하는 시간과 장소를 정확히 예측해 최고의 통신 품질을 유지하는 똑똑한 네트워크다. 트래픽 변동을 예상해 미리 용량을 할당하거나 기지국 안테나 방향과 전파 송출 구역을 자동으로 조정한다.

SK텔레콤은 이같은 차세대 AI 네트워크를 '탱고*'라고 지칭하고 있다.

'탱고'는 빅데이터를 분석해 트래픽 급증 등 품질 변화 요인과 문제점을 사전 예측, 스스로 해결하고 최적화하는 솔루션이다.

AI 네트워크는 머신러닝으로 학습과 예측을 반복하며 진화하는 강점이 있다. 또한 변칙적으로 변화하는 스팸이나 악성 코드를 차

---

* TANGO: T Advanced Next Generation OSS(Operational Supporting System)

단하기 위해 스팸의 텍스트나 이미지를 끊임없이 분석하고 패턴을 학습함으로써 스팸의 검출도를 높이는 지능형 스팸 필터링도 AI 네트워크에 접목했다.

SK텔레콤은 약 2년에 걸쳐 '탱고'를 자체 개발해 2016년 12월부터 자사의 유선망에 적용했으며, 2017년 10월 무선망으로 적용 범위를 확대했다.

■ 차량 사물통신

자율주행차의 눈·귀가 되어 주변 상황을 인지하는 센서와 카메라는 악천후·야간 등 특수 환경에서 성능이 저하될 우려가 있다.

이에 따라 SK텔레콤은 5G를 기반으로 V2X를 활용해 센서 또는 카메라를 통한 사각지대 정보를 차량에 전달해, 자율주행차의 상황 인지와 주행 판단 능력을 높여줄 수 있도록 개발 중이다.

SK텔레콤은 자율주행차에 반응속도 0.001초 이하의 5G 차량 소통 기술V2X, Vehicle to Everything을 접목한다는 계획이다. 5G V2X는 이동통신망을 통해 차량−차량·관제센터·IoT신호등 간 실시간으로 교통 정보를 주고 받아, 전방 사고 등에 대해 차량이 미리 대응할 수 있도록 도움을 준다.

SK텔레콤은 이같은 기술력을 바탕으로, 서울시와 함께 차세대

• 5G 교통안전 서비스 예시

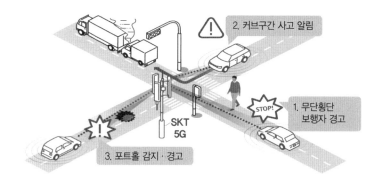

지능형 교통시스템을 구축 중이다. 차량용 5G단말을 버스, 택시, 교통신호제어기 등에 공급하고, 5G버스·택시는 정류장·신호등 등과 수시로 대화하며 데이터를 수집한다.

　서울시와 SK텔레콤은 데이터를 실시간 분석해 위험 상황을 파악 후 5G 차량에 경고를 전달한다. 예를 들어, 5G는 도로에 설치된 검지기를 통해 무단 횡단하는 보행자를 주변 차량에 경고해 사고를 미연에 방지해준다. 5G 기반으로 도로에 설치된 검지기는 야간·악천후에도 무단 횡단자를 인식할 수 있어 사고 예방에 큰 도움이 될 전망이다.

　응급 차량 접근을 앞서가는 차량에 알려줘 길 터주기를 유도할 수 있다. 버스 승강장이 혼잡할 경우, 진입 버스가 서행할 수 있도록 미리 알려줄 수 있다.

2차 사고도 방지해 준다. 급커브로 앞이 안 보이는 지점에서의 사고를 뒤따라오는 차에 미리 알려주어 다중 추돌 상황을 방지하며, 장마철 폭우로 인한 도로 파손^{포트홀} 정보도 자동 감지해 해당 도로에 진입하는 운전자에게 정보를 미리 제공하기도 한다.

MWC에서 예고된
5G 서비스

PART 2

13

곧 만날 미래를
예측하다

  지난 2월 25일부터 28일까지 나흘간 스페인 바르셀로나에서
열린 'MWC19'. Mobile World Congress는 세계 최대 모바일
전시회다. 이통사는 물론 네트워크 장비사, 솔루션업체, 스마트폰
제조사 등 2000여 ICT기업이 참여하고 10만명 넘는 관람객이 모
여드는 곳이다. 매년 2월 마지막 주에 진행된다. 관람객들은 시장
의 흐름을 선도할 통신 기반의 기술, 서비스를 체험하며 2~3년내
다가올 우리의 미래를 예측한다.

  올해의 주제는 5G. 어느 부스를 둘러봐도 온통 5G다. 다가오
는 5G 환경에 얼마나 잘 대응하는지를 중점적으로 표현했다.

MWC 2019 SK텔레콤 전시관의 모습

SK텔레콤 역시 이곳에서 5G와 AI 기술을 중심으로 구현된 혁신적 서비스와 솔루션을 선보였다. 특히 2019년은 대한민국이 세계 최초로 5G를 상용화한 5G 원년이다. 5G가 AI를 만나 산업이나 소비자 생활에 어떠한 변화를 이끌어낼 것인지, 그 기술과 서비스의 방향성은 어떤 것인지 전 세계인의 눈과 귀가 집중됐다.

SK텔레콤은 특히 AR과 미디어를 5G 시대 핵심 사업으로 손꼽았다.

"원격으로 진료를 하거나 군대 등 위험한 작업을 하는 곳에서 AR 글래스를 쓰고 하거나 교육을 AR 글래스를 통해 받는다든지 HMD^{Head Mounted Display}를 충분히 경험해 보면 한국의 기술 변화를 느끼는 데 도움이 되지 않을까 생각한다"

SK텔레콤 CEO인 박정호 사장은 'MWC19' 현장에서 "AR이

향후 2~3년간 대세를 이루며 진화할 것"이라며 AR의 성장 가능성을 가장 높이 점쳤다. 그는 "5년 뒤면 물리적인 TV 보다는 AR 글래스로 영화도 보고, PC도 할 수 있도록 추진할 것"이라고 밝혔다. SK텔레콤이 AR분야에서 가장 앞서고 있다는 마이크로소프트^{Microsoft}와 Magic Leap ^{매직리프}과 협력을 하게 된 배경도 이런 맥락에서다.

미디어 분야에 대한 집중적인 투자나 글로벌 협력 역시 같은 배경일 게다. 미디어는 이미 5G 시대의 주요 먹거리로 떠올랐다.

전 세계적으로 콘텐츠의 중요성이 부각되고 OTT 시장이 급속도로 성장하면서 유튜브, 아마존, 디즈니, 애플, AT&T 같은 글로벌 플레이어는 인기 콘텐츠를 앞세워 글로벌 미디어 시장의 지각 변동을 일으키고 있다.

유튜브는 최근 새로운 오리지널 콘텐츠 제공과 2020년까지 프리미엄 서비스의 무료화 계획을 밝힌 바 있다.

애플은 이용자들에게 독자적인 스트리밍 서비스를 선보이기 위해 잡지계의 넷플릭스로 불리는 '텍스처'를 인수하는 등 공격적인 마케팅을 펼치고 있다.

디즈니와 AT&T 역시 보유 중인 동영상 콘텐츠를 기반 삼아 자체 스트리밍 서비스를 예고하면서 OTT 시장에 출사표를 던진 상

SK텔레콤과 협력하고 있는 AR 고글 제작업체 매직리프

태다.

다양한 글로벌 게임업체, 콘텐츠 업체, 하드웨어 업체 등과의 협력 발표도 잇따랐다. AR 글래스 개발업체인 매직 리프와의 AR 콘텐츠 · 플랫폼 개발 협력이나 AR 게임업체 '나이언틱'과의 게임 공동 마케팅 진행 등이 그것이다.

세계적인 미디어 · 엔터테인먼트 그룹 '컴캐스트'와 전략적 파트너십을 체결하고 글로벌 e스포츠 시장 진출 계획도 밝혔다. 양사가 JV^{조인트벤처} 'T1 엔터테인먼트 & 스포츠'를 설립, T1을 글로벌 e스포츠 전문기업으로 키운다는 야심찬 계획이다.

JV는 SK텔레콤의 미디어 플랫폼과 컴캐스트의 미디어 역량을

넥슨의 인기 게임 카트라이더를 5G VR 서비스로 즐기고 있다

활용, 콘텐츠 제작과 게임 스트리밍 플랫폼 등의 사업을 추진하게 된다. 전세계 2억명에 육박하는 e스포츠 시청자들을 겨냥했다. 글로벌 e스포츠 시장은 미국, 유럽, 아시아를 중심으로 매년 30~40% 급성장 중이다. 이같은 추세를 감안하면 T1이 'FC바르셀로나' '첼시FC' '레알마드리드' 등 명문구단에 버금가는 인기와 명성을 얻는 것은 시간의 문제가 아닐까.

SK텔레콤 e스포츠단 T1의 경우 스타 게이머인 '페이커' 이상혁이 있다. 국내도 국내지만 중국내 그의 팬 숫자는 수 천만명이다. 그의 게임을 지켜보기 위해 중국팬 1억명 이상이 온라인 중계에 몰려들기도 한다. 타이거 우즈같은 골프 스타처럼 그가 입은 유니폼에는 굴지의 글로벌 기업들이 후원한 회사 브랜드 5~6개가 붙어 있다.

시대 변화에 맞게 삶의 방식, 여가 · 놀이 방식도 따라 변한다.

과거에는 자식이 게임에 매달리면 부모들은 "커서 뭐가 되려고 게임만 하냐"고 야단을 쳤지만 요즘은 게임 학원을 데리고 가는 경우도 생겨나고 있다고 한다. 페이커 이상혁 같은 프로 게이머를 롤모델로 꿈꾸는 게 하나도 이상하지 않은 세상이 됐다.

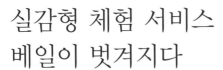

14

실감형 체험 서비스
베일이 벗겨지다

SK텔레콤은 'MWC19'에서 5G 기반의 커넥티드 스페이스 Connected Space · 팩토리 Factory · 소사이어티 Society · 비히클 Vehicle 등 총 4개의 테마로 전시 공간을 구성했다. 5G 상용화로 조만간 선보일 5G 서비스와 기술의 집합체, 축약 모음이다. VR로 시·공간 한계를 극복하고, AI가 산업 생산성을 높이는 등의 첨단 기술이 펼칠 미래 생활상을 선보였다.

5G 자율주행차의 해킹을 방지하는 '양자보안 V2X 게이트웨이', 모바일 엣지 컴퓨팅 MEC 기반의 산업용 솔루션이 대표적 사례다. 기술을 간단히 소개하면, '양자보안 V2X 게이트웨이'는 블루투스, 레이더, 스마트키 등 차량 운행에 필요한 각종 장치와 네트워크를

해킹 등 외부의 공격으로부터 보호하는 일종의 통합보안장치다. SK텔레콤은 5G V2X로 주고받는 차량 운행 데이터를 양자난수생성기의 암호키와 함께 전송해 해킹을 원천 차단할 수 있다.

모바일 엣지 컴퓨팅^{MEC}은 서버를 사용자와 근접한 기지국이나 교환국 등으로 전진 배치해 데이터 전송 과정을 줄이기 때문에 빠른 반응 속도를 요구하는 5G 서비스에 유용한 기술이다.

5G로 인해 변화될 나와 우리의 미래, 이곳에 해답이 있다.

■ 5G Connected Factory

5G 시대에 펼쳐질 제조업 현장을 재현해 놓은 듯했다. 많은 글로벌 제조업체 관계자들의 이목을 집중시킨 곳이다. SK텔레콤은 2018년 12월 1일 5G 주파수 첫 발사를 시작으로 경기도 안산의 '명화공업'에 스마트 팩토리를 구현했다. 1호 5G 고객사로 기록된 상징적인 곳이다. '5G AI 머신비전'이라는 5G 상용 솔루션을 적용했다. 생산 라인의 부품을 고화질 카메라로 촬영하고 5G 네트워크와 AI를 통해 제품의 결함^{불량} 여부를 실시간으로 판정하는 솔루션이다. 컨베이어 벨트를 지나는 부품을 여러 각도에서 촬영해 클라우드 서버로 전송하면 고성능 AI가 사진을 순식간에 판독해 품질을 검사하고 로봇이 양품과 불량품을 분류해낸다. 작업자

SK텔레콤 스마트팩토리에 설치된 5G-AI머신비전을 통한 품질 검사 과정을 소개하고 있는 모습

는 AI와의 협업으로 생산성을 최대 2배 향상시킬 수 있다.

바로 옆에는 SK텔레콤이 SK하이닉스의 반도체 QA 공정에 적용한 또 다른 스마트 팩토리가 시연되고 있었다. 이곳에 적용된 기술은 '슈퍼노바'로 불리는 AI 기반의 고속 영상 개선 기술. 기존에 5분 걸리던 제품 검수 시간이 0.1초 미만으로 단축된다.

5G와 AI가 만나 제조업 현장에서 생산성을 획기적으로 향상시킬 수 있음을 보여준 단적인 사례다.

- 5G Connected Vehicle

이곳 부스에는 미래 자동차 운전석 형태로 꾸며진 콕핏이 관람객들을 맞았다. 5G 시대 Car Life는 어떤 모습일까. 내부 전면에는 커다란 투명 LED 스크린이 있고 의자만 있다. 자율 주행 중 앞 도로에서 사고 상황이 발생하자 스스로 판단해 우회를 하기 시작했다. SK텔레콤의 자율주행에는 HD Map 업데이트 기술이 적용됐다. 빠르게 변하는 도로의 상황을 데이터로 수집하고, 분석한 결과를 실시간으로 업데이트해 안전한 자율주행을 가능하게 하는 것이다. 도로에 새로운 표지판이나 공사 구간이 생겼는지, 실시간으로 업데이트를 한다.

5G 시대에는 보안의 중요성이 그 무엇보다 부각되고 있다. 예컨대 도로에 주행중인 자율주행차에 해킹을 통해 엉뚱한 명령 신호를 보내면 대형 사고 등 엄청난 피해가 일어난다. 이는 5G에 대한 우리 사회의 신뢰 상실을 의미해 혼란에 빠질 수 있음을 뜻한다.

SK텔레콤은 이에 따라 안전하고 안정적인 자율주행이 가능하도록 V2X 보안시스템을 자율주행 기술에 접목시켰다. 즉 주행 중 외부 위협에 노출될 수 있는 각종 장치를 감시하고, 위험 발생시 즉각 운전자와 관제센터에 실시간으로 상황을 전송해 미연에 방지하게 된다.

■ 5G Connected Society

SK텔레콤은 도이치텔레콤과 협력해 공동전시를 했는데, 바로 이곳에서다. 양사가 보유한 소셜 VR과 블록체인 기술을 갖고 각사의 전시 부스내에서 같은 체험을 할 수 있도록 했다. 서로 물리적으로 떨어져 있는 사람들이 가상의 공간에 모여 같은 콘텐츠를 경험하는 게 SK텔레콤의 '소셜 VR' 서비스다. 가상 공간에 모이지만 서로의 아바타로 감정을 전달하거나 대화^{소통}하는 것은 덤이다.

이에 따라 SK텔레콤의 소셜 VR 관람객과 도이치텔레콤 소셜 VR 관람객은 5G 이동통신망에 연결된 VR 기기를 쓰고 소통을 하면서 영화, 공연, 스포츠경기를 함께 관람할 수 있었다.

1인 가구, 나홀로 가구가 급증하는 요즘 시대에 '혼자 TV나 영화를 보면서도 혼자가 아닌 느낌을 체험'하는 게 이 서비스의 포인트다.

소셜 VR에 접속하니 가상 공간에 팝콘이나 야광봉, 맥주 등의 소품이 놓여있다. 가상 공간에 모여 야구 경기를 관람하다가 홈런이 나왔을 때 팝콘 등을 집어서 옆에 있는 가상공간 친구들에게 던지기도 하고 야광봉을 흔드는 등의 재미 요소를 가미한 점도 눈길을 끈다.

이런 소셜 VR 서비스는 향후 VR 커뮤니케이션 서비스 비즈니스 모델로 발전할 가능성이 농후하다. 이렇듯 아무리 먼 곳에 있는 가족, 친구라 할지라도 VR 기기를 쓰고 접속하면 마치 한 곳에 있는 것처럼 콘텐츠를 같이 즐기고 얘기를 나눌 수 있는 세상이 목전에 와 있다.

■ 5G Connected Space

우리 인류가 오래전부터 꿈꿔왔던 기술이 '순간 이동'이다. 한라산이나 지리산을 등반하면서 한 번쯤은 이런 마음을 품어봤으리라. 순간 이동을 통해 정상인 백록담, 천왕봉에 도달할 수 있다면 하고... 조만간 이런 날이 일어날 것 같다. 물론 물리적 공간 이동은 아니지만 말이다. 신체적인 장애나 시간, 비용 등 여러 이유로 가볼 수 없는 곳을 실제처럼 경험하거나 체험할 수 있게 된다. 그런 바람 때문인지 관람객들의 눈길을 유독 많이 사로잡은 곳이다.

현실과 가상의 경계를 넘나드는 차세대 VR인 '5G 하이퍼 스페이스 플랫폼e스페이스 프로젝트'으로 관람객들은 현실 세계를 그대로 복제한 가상 공간에서 자유롭게 둘러보는 것은 물론 예약도 바로 할 수 있다.

증강현실AR · 가상현실VR 기술과 5G 하이퍼 스페이스Hyper

Space 플랫폼 기술을 활용해 초대용량 데이터가 어떻게 현실에서 구현될 것인지를 보여주는 적용 사례다.

하이퍼 스페이스 체험존에는 바르셀로나에서 서울의 워커힐 호텔과 SK텔레콤 본사T타워, 서울 공평동의 스마트 오피스 등으로 순간 이동할 수 있다. 3곳의 건물 내부를 스캔해 3D 모델로 만든 뒤 바르셀로나와 서울로 텔레포트*할 수 있도록 했다. 가상이지만 회사로 출근한 느낌, 동료와 함께 일하는 분위기를 체험할 수 있다. 관람객들은 VR 기기를 쓴 채 손에 쥔 센서를 이용해 호텔 예약이나 회의를 할 수 있다.

향후 호텔 · 레스토랑 등 예약시 VR을 활용해 시설 · 메뉴 등을 미리 살펴볼 수 있고 즉각 신청을 할 수 있다.

5G 대중화시 교육 · 쇼핑 · 엔터테인먼트 등 다양한 분야에서 서비스가 활성화될 전망이다.

---

* Teleport 텔레커뮤니케이션(Telecommunication)과 포트(Port 항구)의 합성어. 고도의 정보통신 기술을 기반으로 하는 기지. 대량의 정보를 처리 · 서비스하는 것을 뜻한다.

15

초저지연성을
시연하다

올해 MWC2019에서 전세계 이동통신사들이 가장 신경을 쓴 부분도 역시 5G 였다. 5G 서비스 원년인 2019년을 맞아, 5G가 우리 생활에서 어떤 변화를 가져올 것인가를 앞서 보여주고자 했기 때문이다.

전세계 이통사들은 5G의 특성 중 초저지연에 집중했다. MWC 2019 전시장에서 스웨덴의 통신 장비 업체 에릭슨은 밴드를 둘로 나눠 5G로 연결, 각각 다른 나라에 있는 두 개의 밴드가 함께 공연하는 것을 시연했다.

총 4명으로 이뤄진 밴드는 멀리 떨어져 있지만 영상 중계를 통해 동시간대에 공연을 할 수 있는 것이다.

음악 합주에서 박자는 조금만 틀려도 어색하기 쉽다는 점에 착안, 5G로 연결하면 비록 다른 나라에 있더라도 바로 옆에 있는 것처럼 완벽하게 박자를 맞춰 합주할 수 있음을 보여줬다.

멀리 떨어져 있는 사람과 실시간으로 연결해 주는 것들은 우리에게 어떤 새로운 가치를 가져다 줄 것인가. 기업들이 새로운 서비스를 내놓으면서 서서히 구체화되겠지만, 현재로선 초저지연이 갖는 산업적 활용성에 관심이 집중되는 형국이다.

5G의 지연 속도는 1ms$^{0.001초}$로 LTE 대비 10분의 1로 줄어든다.

5G만의 특징이자 최대 강점은 바로 이 초저지연이다. 5G 초기 서비스가 B2B^{기업간거래}에서 상대적으로 많은 이유도 5G 초기 속도는 LTE에 비해 크게 빠르지 않아 차별화가 되지 않지만 초저지연성이 B2B에서 널리 쓰이는 데다가 반드시 필요하기 때문으로 풀이된다. 지난 MWC 2018에 이어 올해 MWC에서도 스마트 팩토리가 많이 전시된 것도 그 이유다.

위에서 예를 든 에릭슨 외에도 이번 전시회에선 다른 이동통신사들도 초저지연의 특성을 소재로 많은 것들을 보여줬다.

NTT 도코모의 경우 움직이는 기차 안에 있는 의사가 달리는 트럭 안에 있는 수술실에 증강현실^{AR}로 MRI 등 정보를 공유하면서 응급처치, 수술 등을 지원하는 시스템을 소개했다. 의료용으로 개

조된 트럭으로 환자를 운송하면서 집도의가 수술을 하는 동안, 뇌 분야 의사가 달리는 고속철에서 5G로 영상을 보며 수술을 지시하는 서비스를 선보인 것이다.

보다폰 역시 5G 의료 수술 생중계를 MWC에서 선보였다. 보다폰은 온라인 교육 포털 AIS 채널과 의료기관들이 협업해 의료 시술을 생중계했다. 5G 네트워크로 연결된 수술실이 MWC 라이브 극장에서 상영된 것이다. 의료 분야는 재난관리, 경찰, 소방 분야 등과 함께 네트워크 슬라이싱을 활용한 5G 서비스가 가장 먼저 적용될 것이 유력하다.

삼성전자는 프랑스 통신사 오랑주^{orange}, 시스코와 함께 5G 망을 통해 자사 데이터 센터를 통해 드론과 로봇을 제어하는 솔루션을 만들었다. 바르셀로나에서 프랑스 하늘에 떠있는 드론을 실시간 조종하는 것이 가능했다.

16

5G 시대 단말기 선점 경쟁의 시작 '폴더블'

5G가 구현할 근近미래 모습과 관련, 관람객들의 첫 걸음은 대체로 통신 단말기 업체 쪽으로 향했다. 5G폰과 폴더블폰에 대한 관심은 MWC 행사 중 가장 핫 이슈였다. 5G 시대를 맞아 폴더블폰이 주목을 받는 이유는 여럿이겠지만 5G 시대에 가장 적합한 형태여서가 아닐까 싶다. 무슨 얘기냐 하면 5G의 특성상 가장 유용한 분야가 미디어 서비스인데 이를 위해서는 큰 화면이 뒷받침돼야 하나 고화질 영상과 사진에 맞는, 4K 고해상도를 담기에는 현재의 작은 크기의 패널로는 역부족이기 때문이다. 5G 특성에 맞는 고사양을 구현하기 위해서는 더 큰 디스플레이가 요구되지만, 휴대성을 높이려면 결국 접는 방식이 필요해 이렇게 고안됐다는

MWC2019에서 폴더블 폰을 공개한 삼성과 화웨이 〈사진제공: 삼성, 화웨이〉

얘기다. 태플릿이 있는데 굳이 폴더블폰이 나오는 것은 고사양과 휴대성 두 마리 토끼를 만족시키기 위함이라 볼 수 있다.

MWC19에서 특히 삼성전자의 '갤럭시 폴드'와 화웨이의 '메이트 X'는 세계 최초 폴더블이라는 라이벌 구도를 형성해 눈길을 모았다.

삼성전자는 안으로 접는 인^{In} 폴딩 방식으로, 화웨이는 밖으로 접는 아웃^{Out} 폴딩 방식으로 양사의 제품 방식에 차이가 있었다. 삼성 폴더블폰은 펼쳤을 때 앱 3개가 동시에 구동할 수 있게 했고 접었을 때는 통화와 간단한 메시지를 사용할 수 있는 것으로 알려졌다. 두 회사는 관람객들에게 직접 만져보고 체험할 수 있는 기회를 제공하지 않은 채 투명 유리벽 안에 놓고 구경만 할 수 있도록 했다.

폴더블폰을 선보인 또 하나의 업체는 로욜^{Royole}이다. 이곳 역시 화웨이처럼 밖으로 접히는 아웃 방식을 적용했고 폴딩 후에는 한쪽 화면으로 앱이 모이도록 한 게 특징이다.

LG전자는 삼성전자의 폴더블폰과 달리 폰 두 개가 연결된, 듀얼 디스플레이폰을 선보였다. 화면 두 개를 부착해 태블릿처럼 넓은 화면으로 사용할 수 있도록 만들었다. 책을 펼치듯 펴는 스마트폰인데 게임에 최적화한 듯하다.

미국 통신사 AT&T는 블록체인과 연결된 보안 기술, 스마트 시티 구축 같은 청사진을 제시했고, 프랑스 통신사 오랑주^{orange}는 보안서비스, 모바일 장치와 연동된 커넥티드 카 등을 소개했다. 보다폰^{Vodafone}은 동작인식 인공지능을 활용해 청각 장애인과 대화할 수 있도록 수어를 번역해 주는 앱을 전시했다.

NTT 도코모는 원격으로 뇌수술을 받는 환자의 사례를 제시하며 4G와 5G 통신의 경우 화질과 지연속도 면에서 차이를 보일 수 있는 지를 비교했다. VR 기기를 쓰고 탁구 게임을 하면서 게임 사용자가 반응 속도를 직접 느낄 수 있도록 한 노키아 부스도 관람객들의 눈길을 끌었다.

17

5G 시대의
킬러 서비스는 AR · VR

■ 5G네트워크와 찰떡 궁합인 AR · VR

영화 '킹스맨'의 요원들은 최첨단 기술을 기반으로 세계의 안전을 지켜 낸다. 특히나 관객들에게 인상적인 장면은 원탁회의 장면에 적용된 기술일 것이다. '킹스맨'은 '아더왕과 원탁의 기사단'과 다르게 실제로 함께 하지 않지만, 함께 회의하고 추모의 술을 마신다. 영화 속 특수 요원들만 사용할 수 있을 것 같던 이 기술은 AR $^{Augmented\ Reality\ ·\ 증강현실}$ · VR $^{Virtiual\ Reality\ ·\ 가상현실}$을 기반으로 한 홀로그램이다. 그리고 이를 가능하게 뒷받침 해주는 기술이 바로 5G네트워크이다. 때문에 5G 네트워크가 상용화되면 이러한 모습을 평범한 우리의 사무실에서도 볼 수 있게 된다. 외근으로 회의에 함께하지 못하는 동료 직원도 언제 어디서나 함께 하는 것이 가능한 세상이 오고 있다. 엄청나게 많은 데이터를 무선으로 빠르고, 정확하게 전달하기 때문이다. 이처럼 5G의 초고속, 초저지연, 초연결의 특징이 가장 필요한 기술이 바로 AR · VR 이다.

5G 네트워크 시대 AR · VR 서비스가 폭발적으로 성장할 것으로 예상된다. 5G 시대 제공될 다양한 서비스 중 AR · VR 서비스의 경우 시간당 가장 많은 데이터 트래픽이 발생하는 서비스다. 5G 시대 네트워크 트래픽이 많은 서비스의 경우 4G LTE 대비 많은 혜택을 받을 수 있다.기존의 AR · VR 관련 콘텐츠의 성장이 한계가 있었던 가장 큰 이유는 대용량 데이터를 전달할 수 없는, 네트워크의 한계 때문이었다.이제 5G의 시대에는 360도 카메라로 찍은 현실감 있는 영상, 다양한 각도에서 찍은 고용량의 영상을 빠르고 지연 없이 전달할 수 있다. 이는 기존에는 할 수 없었던 경험을 소비자들에게 선사할 수 있음을 의미한다. 또한 일방적인 정보 전달에서 벗어나, 쌍방향적인 특성을 갖고 있는 AR · VR의 경우 특히 젊은 세대에게 큰 반향을 일으킬 것으로 예상된다.

한국VR산업협회는 국내 VR시장 규모를 2020년 약 5조원으로 예상했다. 또한 KB증권은 국내 AR · VR 시장의 규모를 2019년 2000억원 수준으로 예상했고, 2020년에는 1조원이 넘을 것으로 예상했다. 이처럼 5G 네트워크 상용화 이후 AR·VR 콘텐츠가 폭발적으로 성장할 것이라는 예상이 지배적인 상황이다.

■ 5G 시대 AR·VR을 준비하는 통신사 현황

국내 통신사 입장에서도 AR·VR은 중요한 5G 서비스 분야다. 5G시대에 막대한 투자를 하고 있는 통신사에게 있어 AR·VR은 5G의 특성을 제일 잘 보여주면서, 고객에게 혁신을 보여줄 수 있는 가장 중요한 콘텐츠이기 때문이다. 실제 국내 통신 3사는 AR·VR의 미래를 차근차근 준비하고 있다.

SK텔레콤의 경우 AR·VR콘텐츠를 만들 수 있는 'T리얼 스튜디오'를 선보였으며, 가상세계에서 다른 사람들과 함께 동영상을 보며 대화까지 할 수 있는 '옥수수 소셜 VR'을 상용화했다. 또한 전국 곳곳에 5G네트워크를 기반으로 한 AR·VR 체험을 제공하고 있다. 할로윈 테마파크에서 마법사가 되어 할로윈 축제장까지 날아가는 경험을 하기도 하고, 좀비를 물리치기도 한다. 이러한 노력은 5G 네트워크가 우리의 실제 생활에 어떤 영향을 미치는지를 보여주고, 고객의 이해를 높이기 위한 것이다.

KT의 경우 2020년까지 1000억원의 매출을 달성하겠다는 큰 목표 아래, VR테마파크 '브라이트VRIGHT'를 만들고, 다양한 게임

MWC 2019에서 선보인 노키아 VR 탁구 게임 　　　　　　　　　　〈출처: IEEE Spectrum〉

콘텐츠를 선보이고 있다. 특히 드래곤플라이와 '스페셜포스VR' 등 게임 콘텐츠를 선보이는 등 시장에 많은 공을 들이고 있다.

LG유플러스의 경우 구글 데이드림과 연계한 'U+비디오포털 VR' 앱을 출시 했다. 특히나 LG유플러스는 스포츠 중계를 통해 차별화를 노리고 있다. AR기술을 기반으로 다양한 경기 정보를 화면에 띄우는 동시에, 가상현실로 몰입감을 높인 중계를 준비하고 있다.

이 밖에도 해외 통신사의 경우 AT&T, Verizon이 VR 플랫폼을 인수했다. 프랑스 Orange의 경우 AR·VR 시스템에 많은 투자를 하고 있다.

전 세계의 통신사들은 5G를 이끌 핵심 콘텐츠인 AR · VR에 경쟁적으로 투자하며 5G 시대의 주도권을 잡으려 하고 있다. AR · VR과 관련된 킬러 콘텐츠를 발굴해 낸다면 이는 5G 네트워크의 가치를 인정 받을 수 있는 동시에, 수익성을 높일 수 있는 기회가 될 것이다.

2G에서 3G, 3G에서 4G로 넘어오면서 '동영상 스트리밍' 등 킬러 콘텐츠가 네트워크의 가치를 증명했던 것처럼 5G 시대에는 AR · VR 콘텐츠가 그 중심에 있을 가능성이 크다.

5G 네트워크 기반 VR테마파크, AR영상통화 서비스, VR 스포츠 중계 서비스 등 통신사의 수익성 다변화에 있어서도 큰 역할을 할 가능성이 높다고 볼 수 있다.

18

현실과 가상의
경계를 허물다

■ 5G 와이어리스 세상에서 가뿐하게 즐기는 게임

5G 네트워크 덕분에 와이어리스 세상이 왔다. 이제 HMD, 간단한 조이패드만으로 편리하게 VR 게임이 가능하다. 관련된 기기들의 가격도 훨씬 저렴해져서 많은 사람들이 VR관련 기기를 소유하고 있다. 기기의 가격이 싸지고 이용자가 증가하면서 게임 콘텐츠가 다양해졌다. 다양한 게임을 편리하고 저렴하게 즐기며 비용

---

* Head Mounted Display. VR 등을 대형 영상으로 즐길 수 있게 안경처럼 머리에 쓰는 디스플레이 기기

MWC2019에서 인텔이 선보인 VR기반의 스파이더맨 게임　　　〈출처: Interesting Engineering〉

대비 큰 즐거움을 얻을 수 있게 되었다.

　　대부분 IT산업의 경우 하드웨어의 성장이 소프트웨어의 성장으로 이어졌고, 이러한 선순환의 과정을 거쳐 생태계로의 성장까지 이어져 왔다. 일례로 스마트폰과 3G네트워크가 대중화 되면서 애플리케이션이 발달했다. 스마트폰의 카메라 기술이 고도화 되면서 카메라 관련 애플리케이션은 셀피 Selfie, 셀프카메라, 음식 등 세분화된 분야로 발전해 왔다. 이후 애플리케이션 스토어가 활성화 되고, 다양한 업체들의 참여가 가속화 되면서 스마트폰과 관련된 생태계도 발전을 이루어 왔다.

게임산업에서도 VR 관련 기기와 5G 네트워크가 발전하게 되면, 다양한 게임 콘텐츠를 제작·유통할 수 있는 환경이 조성될 것이고 결국 생태계 발전까지 이어질 것이다. 앞으로 게임 관련 VR 시장의 경우 디바이스와 게임 콘텐츠가 5G 네트워크를 기반으로 획기적으로 발전할 것으로 기대된다.

AR·VR 게임 시장은 매년 큰 성장을 주목 받아 왔지만 아직까지는 이렇다 할 성장세를 이어가지 못하고 있다. 특히나 이후 시장을 큰 틀에서 혁신할 것이라 기대했던 AR기반 포켓몬GO의 경우 초반 인기를 이어나가지 못했다. 가장 큰 이유는 AR의 특성을 온전히 활용하지 못하고, 유명 판권[IP]에만 의지한 탓이다. '포켓몬GO'의 경우 '포켓몬스터'라는 캐릭터 자체가 갖고 있는 유명세와 매력으로 초반의 인기를 얻었을 뿐 AR에 기반한 추가적인 콘텐츠 개발이 유저들을 만족시키기에는 역부족이었다. 이러한 절반의 성공을 교훈 삼아 게임 유저들의 몰입도를 높일 수 있는 AR·VR 기반 게임 개발이 필요한 순간이다. 결국 유명 판권에 AR·VR의 특성을 온전히 반영한 게임 콘텐츠가 합쳐 진다면 지속적인 인기를 끌 수 있는 기반이 마련될 수 있을 것이다.

이러한 예는 일본 VR 테마파크의 성공 사례에서 엿볼 수 있다.

일본 VR 테마파크에서 가장 성공한 게임 콘텐츠는 드래곤볼, 에반게리온, 건담 등 유명 원작에 기반한 콘텐츠 들이다. 특히나 초반에 유저들에게 큰 주목을 이끌어 내기 위해서는 유명 원작의 역할은 크다고 할 수 있다. 그러나 '포켓몬GO'의 사례처럼 유명 원작에만 의지하게 된다면 장기적인 성공을 거두기는 어렵다.

일본의 경우 여러 명이 함께 게임을 즐길 수 있는 소셜 기능을 추가하고 드래곤볼의 '에네르기파'를 직접 발사하는 경험을 주는 등 VR이 갖고 있는 본연의 강점을 게임에 잘 접목시켰다.

■ 현실감 넘치는 스포츠 중계

VR 스포츠 중계 시장에서 가장 앞서 가는 곳은 인텔, 폭스스포츠FoxSports, 넥스트 VR 등이다. 이들 업체 중 인텔의 경우 약간 고개를 갸우뚱하는 사람들도 있을 것이다. 인텔의 경우 PC의 CPU 등 칩셋을 만드는 업체로 알려져 있다. 그런 인텔이 VR스포츠 중계에 투자하는 이유는 결국 높은 수준의 컴퓨터 처리 능력이 필요하기 때문이다. 그만큼 VR 스포츠 중계가 처리해야 할 데이터 양이 많은 것이고, 인텔의 입장에서는 기존의 사업들과 시너지를 낼 수 있는 미래 사업인 것이다. 기존 스포츠 중계에는 관심이 없던 인텔이 VR 스포츠 중계에 발벗고 나선 이유는 이 때문이다.

인텔은 2016년 새로 스포츠 사업부문인 '인텔 스포츠 그룹'을 만들고 보크Voke, 리플레이 테크놀로지Replay Technologies 등 VR 스포츠 중계를 위한 스타트업을 인수하며 사업을 키워왔다.

폭스스포츠의 경우 가장 두드러지는 특징은 SNS와 접목한 소셜 기능이다. 가상세계 안에서 사람들이 모여서 함께 응원하면서 서로의 의견을 나눌 수 있다. 이제는 광화문 광장에 나가지 않아도 집에서 불특정 다수의 다양한 사람들과 스포츠를 즐길 수 있는 시대가 온 것이다. VR 관련 라이브 방송기술업체 넥스트 VR의 경우 중국 IT 기업들로 부터 구애를 한 몸에 받고 있다. 넷이즈NetEase, CMC 홀딩스 등 중국을 이끌어가는 기업들의 VR에 대한 투자는 VR 콘텐츠 시장의 미래에 대한 기대감으로 풀이할 수 있다.

국내 통신사들도 5G 네트워크 상용화에 앞서 다양한 AR · VR 기반 모바일 스포츠 중계 서비스를 준비하고 있다. '5G네트워크를 어떻게 사용할 것인가'라는 비전 제시가 중요한 시점에서 5G의 특성을 가장 잘 드러내면서 소비자들이 흥미를 갖을 수 있는 스포츠 중계에 집중 하는 것이다.

SK텔레콤은 골프대회를 중계하며 360 VR 라이브 기능을 활용했다. 특히 '옥수수 소셜 VR서비스'의 경우, VR기술에 소셜 기능을 결합했다. 때문에 가상의 장소에 사람들을 초대하여 영상을 함께 볼 수 있다. 팝콘을 던지는 등 움직임을 통한 의사소통까지 가능하다.

LG유플러스의 경우 프로야구, 골프 중계에 집중하고 있다. AR 입체중계를 통해 각종 관련 정보 데이터 그래픽을 실제 중계 화면과 함께 제공한다.

AR·VR을 활용한 스포츠 중계의 경우 기존에도 다양한 시도들이 있었으나 스포츠 중계의 획기적인 변화를 주지는 못했다. 네트워크, 디바이스의 한계 때문이다. 5G 시대에는 대용량의 정보를 모든 소비자에게 전달 하는 것이 가능해 진다.

이를 현실화 시키기 위해서는 VR스포츠 콘텐츠의 선순환적인 생태계 형성이 필요하다. 기존에도 높은 수준의 기술이라 할 지라도 높은 투자비용으로 인한 높은 서비스 이용료로 시장에서 살아남지 못한 서비스들이 존재한다. VR 스포츠 중계의 경우도 천문학적인 투자가 요구되는 시장이다.

결국 유료 모델 개발,다양한 업체들이 납득할 수 있는 수익 분배 구조 등을 통해 시장이 지속적으로 발전할 수 있는 구조 마련이 시급한 이유다.

■ 체험형 교육, 훈련으로의 전환

교육, 훈련 시장은 언제나 꺼지지 않는 불꽃처럼 인류에게 있어 가장 중요한 비즈니스 중 하나였다. 부모의 입장에서 가장 중요한 '교육'은 수많은 IT기업들의 끊임없는 관심을 받아 왔다.

애플의 교육용 아이패드, 구글의 클래스룸 등이 그것이다. 애플, 구글 등 세계적인 IT기업들의 교육 시장에 대한 관심을 통해, 비즈니스로서의 중요성을 절감하게 된다. AR · VR에 기반한 교육 콘텐츠가 활성화 되었을 때, IT기업들의 더 큰 관심을 쉽게 예상해 볼 수 있을 것이다. IT기술을 교육 콘텐츠에 접목하려는 노력을 기울이는 상황에서 AR · VR은 큰 기회가 아닐 수 없다.

교육부도 발 빠르게 움직이고 있다. 2020년까지 연차적으로 초등학교 5~6학년과 중학교 2~3학년에 AR · VR을 접목한 디지털 교과서를 보급할 예정이다.

기존의 교육, 훈련과 AR · VR 기반 교육, 훈련의 가장 큰 차이점은 단순히 지식을 전달하는 수준에서 체험형 교육으로의 변화이다. 의료 · 국방처럼 체험형 교육 · 훈련이 필수적인 경우 AR · VR 기술의 강점이 필요한 분야이다.

AR 헬멧을 통해 수술을 실제처럼 충분히 반복 훈련해 볼 수 있게 된다. 책에서 이론을 배우고 실습을 통해 수술에 대해 교육을

• VR · AR의 교육과 훈련 사례

추진 기관	VR · AR 기반 교육, 훈련
카네기멜론 대학	도시설계
틀레로 대학	해부학, 신체 체험 프로그램
알레르타 대학	재활 경험, 휠체어 경험
싱가폴 난양폴리텍 대학	가스터빈 공학 교육
카타르 도하	2022 월드컵 가상건축설계
BMW	자동차 수리 AR · VR 프로그램
노르웨이 육군	전자병 훈련 VR 프로그램

〈출처: 가상현실을 통한 교육과 문화 산업의 미래 (최재홍: 강릉원주대학교 멀티미디어과 교수)〉

받고 있지만 이제 교육의 패러다임이 바뀌게 되는 것이다. 군대에서 훈련을 받을 때도 사고에 대한 걱정 없이 장비 정비 등에 대한 교육을 반복적으로 받을 수 있다.

AR · VR기반 교육 · 훈련의 또 다른 장점은 더욱 집중력 있게 교육을 받은 사람의 특성에 맞춘 교육이 가능해 진다는 것이다. 이러한 장점에 힘입어 많은 대학, 기업들이 AR · VR에 기반한 다양한 교육, 프로그램을 운영하고 있다.

AR · VR기반 교육, 훈련 분야는 기술적인 특성이 해당 분야와 잘 융합될 가능성이 높다. 또한 해당 시장의 사업적인 가능성 또한 높다. 때문에 5G시대 기업들이 우선순위로 집중해야 할 분야이다. 교육·훈련 분야의 경우 기업의 생산성 향상에도 적용해 볼 수 있다. AR·VR을 통해 실감나면서도 얼마든지 반복해 볼 수 있는 교육·훈련을 내부 직원을 대상으로 진행한다면 더욱 효과적인 교육이 가능할 것이다.

■ 5G 시대 우리가 나아가야 할 방향은 '생태계 조성'

5G 시대 AR·VR은 킬러 서비스이자 가장 큰 수혜자가 될 것이다. 2019년은 5G 네트워크의 초고속·초저지연·초연결의 특성을 기반으로 AR·VR 콘텐츠가 본격적으로 꽃을 피우는 시대로 기억될 가능성이 높다. 특히 세계최초 5G 네트워크 상용화를 목표로 하고 있는 우리나라의 경우 AR·VR 콘텐츠 발전에 유리한 위치에 서 있다고 볼 수 있다.

그러나 세계적인 업체들과 경쟁하기 위해서는 생태계 조성을 통해 시장을 선점하는 노력이 필요하다. 애플과 구글은 각각 AR 콘텐츠 시장에서 AR 개발 툴인 'ARKit', 'ARCore'을 갖고 본격적인 생태계 조성에 나서고 있다.

AR 개발 툴을 활용하면 개발 기간을 줄이고, 이를 소비자에게 전달하는 과정도 유리해 지는 장점이 있다. 애플의 'ARKit'의 경우 8주 내 MR^{혼합현실}콘텐츠까지 개발이 가능하다고 한다.

개발자들은 이미 두개의 개발 툴을 기반으로 'IKEAPlace' 등 다양한 어플리케이션을 출시하고 있고, 이는 소비로 이어지고 있다.

생태계를 조성하고 있는 애플, 구글의 경우 미래 AR 시장의 지배자가 될 것이다. 두 기업이 스마트폰 시대 어플리케이션의 생태계를 만들어 시장을 지배하고 있는 것처럼 말이다.

우리나라의 경우 5G 네트워크를 기반으로 생태계 조성, 다양한 킬러 어플리케이션 제작과 관련해 세계 시장을 선도하기 위한 노력이 필요하다.

시장조사업체 IHS마킷에 따르면 2017년 AR · VR 어플리케이션 시장은 2016년보다 72% 증가한 32억 달러약 3조 4000억원였다. 매년 가파른 성장을 하는 AR · VR 앱 시장은 5G시대 더욱 폭발적으로 성장할 가능성이 높다.

VR · AR의 경우 앞서 서술한 것처럼 게임, 스포츠, 교육, 1인 미디어 등 다양한 분야와 접목이 가능하다.

■ 기업과 정부의 팀플레이

5G 시대는 AR · VR 콘텐츠 시장에 있어 큰 기회이다. 다양한 분야에 맞는 콘텐츠들이 개발될 수 있는 정책적 지원이 필요하다.

AR · VR 시장의 부흥을 위해 기업과 정부의 팀플레이도 중요한 시점이다. 이와 관련 SK텔레콤의 경우 대한무역투자진흥공사와 함께 중소기업, 스타트업을 지원하고 있다.

기업은 ICT 역량을 중소기업, 스타트업에 지원하고 정부는 이에 발 맞춰 정책적 지원을 아끼지 않아야 한다. 필요 없는 규제는 없애주고 장기적인 관점에서 세계적인 경쟁력을 갖춰 나가기 위한 '기다림'도 필요하다.

장기적인 시각에서 연구개발, 기업 육성, 다양한 업계와의 융합을 지원하는 샤먼시 정부의 사례에서 교훈을 얻어야 한다.

5G 시대 기업과 정부가 힘을 합쳐 시장의 생태계를 지원하게 된다면, 세계적인 AR·VR 콘텐츠, 서비스 경쟁력을 갖추게 될 가능성이 높다고 볼 수 있다.

5G와 AI가 바꾸는
미래 비즈니스

PART **3**

19

AI 전성시대

5G 시대에는 4G LTE 네트워크에서 불가능했던 많은 양의 정보를 주고 받을 수 있게 된다. 하지만 정보의 양이 아무리 많아도, 여기서 유의미한 정보를 파악하고 정리하지 못한다면 단지 데이터를 모아놓은 것에 불과하다.

쌓여있는 데이터에서 가치 있는 정보를 찾아내 정리하는데 필요한 것이 바로 AI ^{인공지능, Artificial Intelligence}다. 즉 5G와 AI는 디지털경제, 데이터 시대를 떠받히는 양 다리라고 할 수 있다. 5G를 제대로 이해하기 위해 AI를 알아야 하는 이유다.

바야흐로 AI 전성 시대다. AI는 컴퓨터가 인간처럼 생각하는 방식을 모방하는 기계다. 전문 용어로는 [컴퓨터가 인간의 지능을 모방한 인공신경망 알고리즘과 방대한 데이터를 바탕으로 머신 러닝 Machine learning 이나 딥 러닝 Deep learning 을 통해 학습하고 인지, 추론해 정답을 얻어내는 능력을 컴퓨터 프로그램으로 실현한 기술]이다.

AI 활용의 결과 관점에서 본다면 '데이터와 알고리즘을 통해 유의미한 정보나 지식을 학습해 사람의 업무를 효과적으로 보조·대체하거나 기존에 없던 새로운 기능을 수행하게 하는 기술'로 설명할 수 있다.

AI는 산업의 영역과 경계를 바꿔 놓을 정도로 발전하고 있다. 검색·번역 뿐만 아니라 모바일·커머스 상거래·물류·자율주행 자동차까지 모든 제품·서비스에 AI 기술이 접목돼 혁신이 이뤄지고 있다. 이미 우리들 가정에도 AI 스피커가 수 백만 대 들어왔으며, 일상에서 사용하는 제품, 서비스에서 AI 기술을 손쉽게 접할 수 있다.

AI가 우리 사회와 기업 비즈니스에 미칠 영향과 기회를 분석, 한 발 앞서 대응하는 게 중요해진 것이다. 그렇다면 AI 실체는 무엇인지, AI가 우리 사회를 어떻게 변화시킬지, 기업은 또 어떻게 준비해야 할지를 살펴보자.

머신 러닝, 딥 러닝

AI는 1956년 미국 다트머스의 한 학회에서 존 매카시John McCarthy 교수에 의해 처음 등장한 용어다. 기계컴퓨터가 사람을 대신할 수 있다는 점은 그 당시에도 매우 관심을 끄는 이슈였으나 방대한 데이터 처리 등 컴퓨터 성능의 한계로 사실상 인공지능 연구는 수 십 년간 답보 상태였다. 그러던 중 일반인에게 또 다시 AI의 붐을 일으킨 계기가 2016년 알파고와 이세돌 9단간 세기의 바둑 대결이다.

그렇다면 지금의 AI와 예전의 AI는 무엇이 다른 것인가? 인공지능의 역사는 인간의 학습 체계를 닮은 머신 러닝, 특히 딥 러닝의 역사와 궤를 같이 한다. 1990년대 인터넷의 탄생과 향상된 컴퓨팅 파워와 함께 데이터의 수집·축적·분석 등 데이터 관리가 가능해지면서 2000년대 들어 AI의 학습 도구인 머신 러닝, 딥 러닝이 발달하기 시작한다. 1989년만해도 심층 신경망을 활용해 손글씨 숫자를 인식하는데 겨우 성공할 정도였다. AI는 특히 딥 러닝 적용으로 음성과 이미지 인식 분야에서 혁신적인 결과를 만들어냈다.

기계컴퓨터가 인간처럼 생각하고 스마트해지는 게 인공지능인데, 그를 구현해주는 밑바탕 기술이 바로 머신 러닝, 딥 러닝이다.

인공 지능의 핵심 기술이라 해도 지나친 말은 아닐 것이다.

머신 러닝은 딥 러닝을 포함하는 더 큰 개념의 인공지능 일반 기술이다. 머신 러닝은 수많은 데이터를 갖고 훈련시킴으로써 기계 스스로 규칙을 찾아내 학습하는 방법이다.

이에 비해 딥 러닝은 머신 러닝의 한 분야로 인간의 뇌에서 일어나는 인지·의사결정 과정 등을 모방해 만든 인공신경망으로 학습한다. 여러 신경망 층별로 각각 다른 데이터를 수집해 스스로 시행착오를 거치면서 최적의 학습 방법을 찾는 방식이다. 딥 러닝 기술을 활용한 인공지능 바둑 프로그램 '알파고'가 여기에 해당된다.

인공지능을 설명할 때 많이 드는 사례가 개·고양이 사진을 통한 이미지 인식 방식이다. 사람은 개와 고양이를 구분^{학습}하는데 수십만 장은 커녕 수백 장의 사진도 불필요하다. 유치원 아이들 조차 개와 고양이 사진 몇 가지만 보여주고 학습시키면 다른 개와 고양이 사진을 보여줘도 분류할 수 있다. 딥 러닝 방식은 수많은 개와 고양이 사진을 통해 눈과 코 등의 생김새, 크기 비율 등 각 동물의 특성을 파악하고 학습하게 된다. 그러면 보여준 적 없는 새로운 사진에서도 인공지능이 학습한 정보에 따라 개와 고양이를 분류할 수 있게 된다.

　현재 딥 러닝은 이미지와 음성 인식 뿐 아니라 기계 번역 · 추천 · 조작 제어 등 다양한 종류의 AI 애플리케이션App에 활용되고 있다. 인간 고유의 영역으로 여겨진 음악 · 미술 · 시 등 문화예술의 창작 분야에서도 딥 러닝이 사용된다. 지난 2017년 미국 러트거스 대학교 연구팀이 관객에게 현대미술 작품을 보여준 후 작가가 사람인지, AI인지 맞춰보게 한 결과 AI 작품을 인간 작품이라고 답한 경우가 53%, 인간 작품을 AI 작품이라고 답한 경우가 38%를 기록했다. 인간의 작품인지, AI의 작품인지 구분이 안될 정도로 예술성이 엿보인다는 의미다.

딥 러닝 방식의 인공지능은 여러 분야에서 놀라운 성과를 만들어내고 있지만 한계도 존재한다. 인공지능이 딥 러닝을 바탕으로 결과값^{해답}을 제시했을 때, 결과값 도출 과정을 살펴보기 어렵다. 문제가 생겨도 원인을 알 수가 없다는 것이다.

한 예로 알파고와 이세돌 바둑 대결에서 이세돌 9단은 4번째 대국에서 값진 1승을 얻었다. 당시 백돌을 쥔 이세돌 9단의 78수는 '신의 한 수'로 평가받는다. 78수로 고립무원의 백돌을 살리고 오히려 좌변의 흑돌^{알파고}을 위협하는 반전을 이룬 것이다. 알파고는 이전 대국과 달리 78수 이후부터 뾰족한 대응 수를 찾지 못했는지 몇 차례의 악수^{惡手}를 두거나 시간에 쫓기는 모습을 보이더니 결국 돌을 던져 패배를 인정했다.

많은 사람들은 이를 보고 알파고 프로그램에 버그가 생겼느니, 인공지능이 불완전함을 보여줬느니 등의 갖은 해석을 했지만 여러 차례의 악수가 왜 나왔는지 확인해볼 길이 없다. 확률적으로 이기는 방식으로만 계산하도록 설계된 탓에 신의 한 수^{78수}를 대응할 방안을 찾지 못해 발생한 것 만큼은 확실해 보인다.

하지만 AI 기업들은 딥 러닝의 한계를 극복하고 고도화하기 위한 연구를 활발하게 진행하고 있기 때문에 앞으로는 결과 값에 대한 도출 과정 이해를 통해 신뢰도가 높아질 것이다.

AI와 비즈니스

AI 기술이 매우 빠른 속도로 발전하면서 많은 기업들이 AI를 접목해 비즈니스를 강화하거나 새로운 시장을 개척하고자 노력 중이다. AI를 통해 새로운 가치^{Value}를 창출하기 위함이다. 더 큰 성장과 질적 변화는 부산물이다.

GPU · 클라우드 발전으로 AI 컴퓨팅 접근성이 향상된데다 IoT 센서 보급으로 양질의 데이터 확보가 가능해졌다. AI 활용을 위한 API 등이 AI 기업들을 통해 공개되면서 AI 생태계가 폭넓어지는 상황이다. 일반인들도 AI앱이나 음성인식 기반의 AI 스피커를 통해 AI를 활용하는 추세다. AI의 대량 보급과 활용으로 많은 사용자 데이터가 수집되고 늘어난 데이터를 통해 AI 성능이 향상되는 선순환 구조가 작용하고 있다는 게 AI 관련 업계의 평가다. 이를 비춰볼 때 AI는 산업뿐 아니라 우리 일상에 많은 변화를 가져다 줄 것이다.

AI를 우리 삶에 빠르게 적용하는 산업이 ICT 분야이며 최근에는 보안·유통·헬스케어 등 오프라인의 사람과 사람간 서비스 분야까지 확대 일로다.

그렇다면 AI가 ICT 기업을 포함 산업계에 제공하는 경쟁력은 어떤 게 있을까.

첫 번째로 AI는 기업의 효율적인 의사 결정을 돕는다. 방대한 데이터에 기반한 기술이므로 AI를 활용한다는 것 자체가 핵심 경쟁력이 된다. 과거에는 고객을 막연하게 파악하거나 이해했지만 이제는 고객 세그먼트Segment 나 타깃팅Targeting 을 세분화할 정도로 고객을 파악하게 됐다. 고객의 선호·취향을 고객 본인보다 더 잘 알게 돼 개인 맞춤형 제품과 서비스 추천, 제공이 가능해졌다.

길병원과 부산대병원, 건양대병원 등은 2016년 치료법을 추천해주는 IBM의 AI '왓슨 포 온콜로지'를 도입했고, 이를 도입한 조선대병원이 최근까지 의사와 왓슨이 참여한 진료를 150차례 이상 진행했다

현 상태에서 왓슨이 독립적으로 진단을 내리기는 어려운 수준

이지만 개인의 병력 및 치료 결과, 과거 유사 환자 사례 등의 각종 데이터가 축적될 수록 의료진의 의사 결정을 돕는 맞춤형 치료법 추천이 가능하다.

루닛社의 '루닛 인사이트'는 AI 알고리즘을 통해 영상을 분석, 폐 결절로 의심이 되는 위치를 색상으로 표시한 후, 실제로 폐 결절이 있을 가능성을 확률 값%로 나타낸다. 의사는 엑스레이 영상을 판독한 후, 분석 결과를 참고할 수 있다.

루닛 인사이트는 시범 활용에서 폐 결절 검출 정확도 97%를 나타냈고, 의사의 영상 판독을 보조할 땐 의사의 판독 정확도가 약 20% 향상됐다. 이는 2019년 1월부터 서울대학교 병원이 실제 영상 판독과 환자 진료에 활용하고 있다.

두 번째, AI는 AI플랫폼 영향력 확대를 통해 ICT 제품의 성능을 획기적으로 개선한다. 경쟁사와 차별화할 수 있는 핵심 포인트다. 지금까지는 산업의 수익 모델이 하드웨어 중심이었다. 가격 경쟁이 치열했고 앞서나간다 싶어도 금세 모방을 통해 뒤쫓아 왔다.

하지만 AI 플랫폼과 연동된 서비스는 경쟁사가 쉽게 따라오기가 어렵다. 아마존의 경우 대부분의 매출과 영업이익은 클라우드 서비스AWS 및 이것과 연동한 AI 플랫폼알렉사에서 발생한다.

MS^{마이크로 소프트} 역시 AI 비서 코타나를 기업에 제공하는 방식이 같다. MS 클라우드 서비스 Azure^{애저}를 통해 AI를 제공함으로써 AI 서비스 사용료를 거둬들이고 있다.

세 번째, AI는 컴퓨터 사용 인터페이스 관점에서 볼 때 지금까지의 기계와의 대화 방식 중 가장 직관적이고 자연스런 방식이다. 사용자들이 기기와 서비스를 손쉽게 이용할 수 있도록 했다. 우리 인류는 기계^{컴퓨터}를 손쉽게 이용하기 위해 끊임 없이 노력해왔다. 1990년대 초반 컴퓨터가 막 보급되던 그 시절 컴퓨터를 이용하려면 도스^{DOS} 운영체제와 그 명령어를 알아야 했다. 사용하기가 어려워 보급 확산은 지금만큼 빠르지 않았다. 그런데 컴퓨터 운영체제가 윈도우^{Window}로 바뀌면서 기계와의 인터페이스는 마우스로 대체됐다. 복잡한 도스 명령어 대신 마우스에 손을 대고 클릭, 더블 클릭만으로 실행이 가능해지자 컴퓨터는 대중화되기 시작했다.

이게 끝인 줄 알았는데 어느 날 손가락으로 터치하는 것 만으로도 컴퓨터가 실행하는 혁신이 생겼다. 스마트폰의 등장은 인터페이스를 손가락 터치라는 손쉬운 방식으로 기계의 이용을 더욱 손쉽게 만들었던 것이다. 이제 목소리 명령만으로 기계가 실행하는 음성인식 기반의 인공지능 스피커가 등장했다. 자체 음성만으로도 명령 · 검색 등을 손쉽게 이용하게 됐다는 점은 디지털 기기 취약 계층인 노년층과 장애인까지도 스마트한 소비층으로 끌어들였다는 의미와 다름없다. 다시 말해 스마트폰보다 사용이 편리한 AI스피커가 향후 시니어 세대의 '스마트 소비 촉진'을 이끌어낼 것이다.

AI 종사자들 용어로 'Seamless & Ambient intelligence[*]'의 구현이라는게 있다. AI 기반의 환경이 정착될 경우 내가 아침에 일어나 밤에 잠들 때까지 내 평소 습관에 맞춰 날씨 정보 · 뉴스 · 교통 정보 등을 알려주고 추천해준다. 즉 향후 우리의 삶이나 환경은 우리가 매번 어떤 선택을 할 지 적극적으로 선택 또는 참여, 고민할 필요가 없어질지도 모른다.

지난해 구글은 음성챗봇 '듀플렉스^{Duplex}' 시연을 통해 AI가 오히려 사람보다 더 사람 같을 수 있다는 점을 알렸다. 주인을 대신해 AI가 미용실, 레스토랑 예약을 주문하는 모습이었는데 영어에 서투른, 이주노동자로 추정되는 사람 보다 AI가 더 세련되게, 명령자 의도대로 대화를 주고 받는 장면은 소름이 돋을 만큼 충격적이었다. 콜 센터의 업무를 이제는 사람에서 AI로 옮겨 갈 수 있음

---

* 사용자가 원하는 정보를 끊김없이 제공한다는 의미

을 보여준 것이나 다름 없다.

온라인이나 모바일 영역인 ICT 외에 오프라인인 보안, 헬스케어 분야, 유통 영역도 빠르게 AI를 접목하거나 활용하고 있다.

AI가 사람을 대신해 서비스를 제공함으로써 비용절감이 가능해졌기 때문이다. 인건비 비중이 높은 영역에서 적극 활용될 것은 불을 보듯 뻔하다. 과거 보안 서비스는 24시간 항시적으로 서비스가 제공돼야 하기 때문에 상업시설이나 고급 주택에서 이용하는 고가의 서비스였다.

앞으로는 AI가 사람 대신에 위험한 상황을 스스로 판단함으로써 보안시스템의 대중화 길이 열릴 것이다. 지금도 집안에 CCTV를 설치해두면 창문이 열리거나 화재 등의 비상 상황을 감지한 뒤 알아서 사용자 스마트폰에 알람을 전송하는 서비스가 제공되고 있다.

AI에 의존하는 사람들

정보의 홍수 시대다. 정보가 너무 많아 오히려 나에게 딱 맞는, 나에게 필요한 정보를 추려내기가 힘들 정도다. '개인 맞춤화 상품'에 대한 소비자의 욕구가 지속적으로 증가하는 이유는 여기에 있다. 소비자들의 이런 고민을 해결할 솔루션은 없는 것일까.

AI가 열쇠다. AI는 스마트 소비를 이끌고 있다. 젊은 사람들의 경우 물건을 구입하기 전 먼저 상품을 검색해 다른 사용자들의 평을 유심히 살펴보고 있다. 또 유사 상품과 가격을 따져본 뒤 할인 쿠폰 등 혜택을 찾아 결제를 하게 된다

하지만 AI는 적합한 상품을 검색해 비교 · 분석에 걸리던 시간과 노력을 아껴줄 수 있다. 소비자의 욕구 · 상황 · 맥락 등을 AI가

정확하게 파악해주기 때문이다. 기업은 이를 가능케 하는 입체적 데이터를 확보, 인공지능이 스스로 학습하도록 뒷받침해주기만 하면 된다.

애플리케이션App과 온라인을 통해 상품을 주문하는 방식은 고령층에게는 하나의 장벽이다. 하지만 AI 스피커를 활용한다면 상품 검색, 가격 비교, 결제까지 말음성만 해도 손쉽게 해결된다. 즉 AI 스피커가 중년과 고령층의 디지털 디바이드Digital Divide, 즉 정보격차의 해소 수단으로 떠오르고 있다.

'스마트 소비'의 사각死角 지대에 놓인 노년층에게 AI는 기차표 예약, 상품 구매, 결제시 편리한 동반자가 될 전망이다. AI 스피커 사용이 대중화의 길로 접어들고 있다. 음성인식 기반의 인공지능을 이용하면 컴퓨터나 스마트폰에 익숙하지 않은 실버 세대들도 원하는 음악을 찾아 듣거나 정보를 쉽게 찾는 게 용이하기 때문이다.

기술이 인간 삶 속으로 침투해 정보 격차를 해소하고, 모든 이에게 즐겁고 유익한 사용자 경험을 제공하고 있다.

가트너의 2018년 1~2월 AI 인식 설문조사 결과에 따르면 소비자들이 인공지능을 사용하는 가장 주된 이유는 시간과 돈의 절약이다.

시간 절약이 58%로 가장 높았고 돈 절약53%, 정보에 더 쉽게 접근[47%], 건강해지기 위해[28%], 더 나은 의사결정 도움[25%] 등의 순이다. 즉 소비자들이 보다 실질적이고 보다 중요한 이익을 얻기 위해 AI를 이용하겠다고 답변한 것이다.

인공지능을 활용해 원하는 물품을 최저가에 구매할 수 있는 곳을 찾거나, 통행료와 연료비를 절감할 수 있는 최적의 경로를 찾을 수 있다. 사람이 할 작업 일부를 인공지능이 대신 수행하도록 해 시간과 돈을 절약하는 것이다. 눈에 띄는 것은 65~74세 노년층의 경우 '정보에 더 쉽게 접근' 항목에 답변한 비율이 61%에 달했다는 점이다.

소비 패턴의 변화

개인 맞춤화에 익숙해지면 소비자들은 자신이 원하는 최적의 상품을 추천해주는 AI 플랫폼으로 점점 더 몰리게 된다. 기업은 이런 강력한 AI 플랫폼을 확보함으로써 상품 판매 확대는 물론 플랫폼 생태계 안으로 흡수된 기업을 대상으로 중개 수수료까지 얻을 수 있다. 시장을 이끌어가는 '주도권'을 갖게 된다는 의미다.

아마존의 사례에서 알 수 있듯이 아마존이 추천하는 물건에 따라 판매 실적이 좌우된다. 치약·비누·생수 등 브랜드 영향력에 좌우되지 않고, 가격의 차이를 따져 구매하는 제품의 경우 특히 그럴 수 있다.

결국 서비스 시장에서 의사 결정에 AI의 영향력이 매우 커지게 된다는 점을 알 수 있다. 과거 '브랜드 영향력'이 의사 결정의 핵심이었다면 이제는 'AI ^{플랫폼}의 추천 영향력'이 의사결정의 핵심이 되고 있는 것이다.

사람이 주체적으로 소비하던데서 이제 AI에 의존하는 소비 방식으로 바뀌고 있다는 사실을 주목하길 바란다.

22

서비스업의
판도가 바뀐다

AI는 조선 · 해운 · 건설 · 제조업 등 각종 산업에 접목해 기업 운영의 효율을 높일 수 있지만 특히 유통 · 식 · 음료 · 여행 · 숙박 등의 서비스 산업을 중심으로 접목이 활발히 이뤄지고 있다. 디지털화가 빠르게 진행되는 대표적인 산업 분야이기 때문이다.

역설적이지만 AI · 빅데이터 · IoT 등 ICT 기술이 접목되면서 엄청난 양의 데이터를 토대로 기존 시장 질서가 무너지고 판도가 뒤바뀌고 있는 파괴적 혁신의 현장이 바로 서비스 산업이다.

서비스 산업에서는 AI라는 혁신의 무기를 겸비한 기업들이 곳곳에서 생겨나는 가운데 고객들 또한 자신에게 맞는 '맞춤형 서비스'에 대한 기대치나 눈높이가 높아지고 있다. 또 저성장이 오래 지속되는 뉴노멀New Normal 시대를 맞아 수익성은 정체의 늪에 빠지는 등 이 분야 기업들은 어려움을 겪고 있다.

AI가 이들 기업에 큰 힘이 될 것이다. AI는 인력 운영 등 기업 운영의 효율성을 높임으로써 비용을 절감시킨다. 보안 · 헬스케어 · 유통 등 인건비 비중이 높은 영역에서 적극 활용될 수 있다.

이처럼 AI가 서비스 산업의 기업들에게 제공하는 가치는 여러 가지가 있겠으나 핵심은 '맞고수비'로 집약된다. '맞'춤형 서비스, 새로운 '고'객 경험, '수'요 예측, '비'용 절감 4가지를 의미한다.

우선 AI를 기업의 서비스에 활용할 경우 고품질 '맞춤형 서비스'를 통해 소비자의 욕구Needs를 충족시킬 수 있다. IT 정보화 혁명에 이어 디지털 4차 산업혁명 시대로 접어들면서 정보는 홍수가 되기 시작했다. 오히려 너무 넘쳐서 나에게 맞는, 나에게 꼭 필요한 정보를 찾기가 쉽지 않을 정도다. 개인 맞춤화 상품에 대한 소비자들의 욕구가 지속적으로 증가하는 배경이기도 하다. 기업과 소비자들의 이런 고민을 해결해주는 솔루션이 바로 AI다.

AI는 무인 · 자동화를 기반으로 '고객 경험'을 창출한다. 무인화 · 자동화 · 맞춤화 서비스 등을 통해 지금까지 찾아볼 수 없었던 새로운 비즈니스 모델을 만들어가고 있다. 이른바 AI만의 새로운 고객 경험이다.

구글이 지난 2018년 공개한 음성 챗봇 '듀플렉스Duplex'를 떠올려보자. 고객을 위해 미용실에 머리 커트를 예약하는 모습은 AI가 나의 업무를 대행할 수 있는 수준까지 이미 올라왔음을 실감하게 한다.

'아마존 고'의 비밀

미국의 아마존이 내놓은 오프라인 소매 무인매장 '아마존 고Amazon Go'는 AI를 이용해 유통업에 어떤 혁신을 가져올 수 있는가를 보여주는 대표적인 사례다.

계산대 없는 무인 매장 '아마존 고'는 카메라로 습득한 영상 정보를 학습해 자동으로 결제를 진행하는 '저스트 워크아웃Just Walk Out' 기술을 적용했다.

무인매장의 장점은 24시간 매장 운영이 가능하다는 점이다. 또 AI 결제 시스템 도입을 통해 사람들이 몰릴 경우 물건값 계산을 위해 줄 서서 기다려야 하는 번거로움을 없앴다.

이런 놀라운 경험을 통해 고객들의 만족도는 높아지고 매장은 수익 증대로 활성화된다. AI 기술이 번거로운 절차 없이 소비자들이 원스톱 쇼핑을 할 수 있도록 뒷받침하고 있다.

차세대 편의점 오픈

일본 파나소닉 Panasonic 과 패밀리마트 FamilyMart 는 2019년 4월 2일, '차세대 편의점'을 오픈했다.

개설된 매장은 요코하마 Yokohama 시의 패밀리마트 새도 Saedo 점이다. 파나소닉은 지난해 4월 매장 운영을 총괄하는 100% 자회사 SBS Store Business Solutions 를 설립, 패밀리마트와 프랜차이즈 계약을 체결한 바 있다. 패밀리마트 새도점 또한 파나소닉과 패밀리마트 간 프랜차이즈 계약 형태로 운영된다.

일반적인 매장에서 이용할 수 있는 기능 외에 얼굴인증 결제 기능과 스마트폰 애플리케이션에서 주문이나 결제가 가능한 '모바일 주문' 등 IoT를 활용한 기능 등이 있다.

매장 안에는 약 20대의 카메라와 50대의 센서가 설치돼 있다. 센서는 에어컨 등에 사용되는 적외선 센서로 사람과의 거리를 감지하고 매장 내 사람의 움직임을 시각화한다. 카메라는 주차장에도 설치돼 택시, 트럭 등의 차종을 판별할 수 있다.

아울러 카메라나 센서를 통해 방문자의 체류 시간을 측정하는 적외선 열지도 Heat Map 나 스마트폰 앱을 활용한 설문조사 등을 결합하여 데이터를 관리하는 IoT 데이터 마케팅을 도입한다는 방침이다. 이를 통해 매장 레이아웃이나 선반 배치, 상품 구비 등에 활용할 계획이다.

AI는 '수요예측' 시스템을 통해 기업 의사결정이나 기업 운영의 효율성을 높여준다.

기업들은 상품과 서비스의 가격을 언제 얼마만큼 올려야 할지, 재고는 어느 수준으로 책정해야 할지, 인력 운영은 어떻게 할지 등 운영의 최적화에 애를 쓰고 있지만 쉽지 않았다. 특정한 항목의 변화를 단순화해 변화의 추세를 읽고 미래 예측에 적용해왔을 뿐이다.

이에 비해 AI 기반의 수요예측 시스템은 SNS를 뜨겁게 달구는 핫 이슈나, 사람들간의 댓글, 사진 같은 비정형 데이터 등 각종 변수를 취합함으로써 '복잡하고 다양한' 소비 패턴을 실시간 분석해준다. 사람이 분석하는 속도나 정확도는 비할 바가 아니다.

수많은 변수를 분석함으로써 최적의 가격 책정까지 가능해졌다. 과거에는 분석할 수 있는 변수가 시간적·계절적 요인이나 재고 수준 추이 등에 불과했지만 AI를 활용하면 예약 및 예약 후 취소까지 소비자들의 행동 변화에 대해서도 실시간으로 분석할 수 있다.

한 예로 글로벌 IT 기업들은 AD ID^{광고 ID}를 통해 특정 상품을 마케팅한다. 해당 상품에 대한 기사나 광고를 읽은 AD ID를 추적, 얼마나 관심을 갖고 광고를 봤는지 살펴본다. 그뿐 아니라 다른 사이트 방문 기록도 찾아 할인을 좋아하는지 아니면 서비스 혜택을 좋아하는지 같은 해당 ID 소유자의 취향을 분석해낸다. 개인 맞춤형이나 추천화 방식과 유사하다.

AI가 기업 운영 효율성을 높이는 궁극적인 목적은 '비용 절감'이다. 기업은 AI를 기반으로 새로운 정보나 인사이트insight를 창출하면서 한편으로는 신속·유익한 의사 결정에 활용할 수 있다. '예측' 기능의 향상 덕분인데 결국은 비용 절감, 시간 효율성 제고로 귀결된다.

인간의 지식과 경험, 소위 감感으로 의존하던 의사결정 영역이 AI를 통해 과학적인 의사결정 영역으로 대체된 셈이다. 이로써 고객 타깃팅의 세분화, 개인 맞춤형 서비스 제공이 가능해졌다.

기업은 AI를 기반으로 맞춤형 서비스를 제공, 소비자 요구를 충족시키고 있다. 중요한 것은 개인화 맞춤형 서비스는 고객들을 더욱 끌어 모을 뿐 아니라 다른 곳으로 떠나지 못하게 묶어 놓는 효과도 얻는다는 점이다.

이와 함께 자동화·무인화·수요예측 시스템은 사람의 일을 기계가 대신함으로써 인건비 비중이 높은 회사의 경우 비용절감, 경영 효율화를 이끈다.

ICT 산업에서조차 AI는 핵심적인 차별화 포인트로 떠오르고 있다. 원가상승 부담 없이 제품 성능을 획기적으로 개선하는데 활용되고 있기 때문이다.

23

아마존과 구글이
AI를 선도하는 이유

아마존은 지난 2014년 AI 스피커 '에코'를 출시하면서 AI 분야에서 두각을 나타내고 있다. 에코의 두뇌 격인 AI 가상비서 알렉사를 각종 기기에 탑재해 AI 생태계를 넓히는 한편 2018년 1월에는 무인매장 아마존고를 오픈하는 등 AI 선도자로 입지를 굳히고 있다.

아마존이 AI 분야에서 앞서갈 수 있었던 비결을 살펴보자. 여러 가지 비결 중 하나는 '실패를 질책하지 않고 용인'하는 기업 문화가 손꼽힌다.

CEO인 제프 베조스는 "실패와 발명은 불가분의 관계"라며 실패를 용인하고 빠른 도전을 격려하는 기업문화를 정착시키는데 힘을 실었다.

아마존은 성공 사례 못지 않게 실패 사례도 쉽게 찾아볼 수 있다. 예컨대 카메라로 물건을 비추면 이미지 인식을 통해 해당 물건의 쇼핑 정보가 바로 연동되는 스마트폰 '파이어폰'은 대표적 실패 사례다. 판매 부진으로 출시 1년만인 2015년 단종됐으며 숙박 예약 서비스^{아마존 데스티네이션}, 모바일결제 플랫폼^{아마존 웹페이}, 지식 검색 서비스^{애스크빌} 역시 실패한 서비스다. 하지만 이런 실패 경험이 아마존이 구글, 애플 등 글로벌 IT 업체보다 한 발 더 빨리 AI 스피커를 출시하는데 성공하는 밑거름이 됐다는 게 업계의 평가다.

아마존은 AI 기술 자체를 AWS^{아마존 웹서비스}라는 클라우드 서비스를 통해 판매한다. 텍스트를 음성으로 변환하거나 지능형 챗봇을 구축하는 등의 다양한 AI 서비스가 AWS에서 제공된다. 개인이나 기업 고객들은 AWS의 AI 서비스를 활용해 아마존의 경험이 농축된 AI 기능을 손쉽게 이용할 수 있다.

AWS 영업이익은 2017년 기준으로 아마존 전체 영업이익의 105.5%를 차지하는 효자 사업이다. 다른 사업의 손실을 만회해 줄 만큼 알짜 사업이라는 의미다.

인재 확보에 총력

구글의 추격도 만만치 않다. 2016년 '모바일 First'에서 'AI First'로 전환을 선언한 뒤 2017년 모든 제품 · 서비스에 AI를 적용하고 있다.

AI 기반으로 구글의 서비스와 기기를 보다 똑똑하게 만든 뒤 더 많은 사용자를 끌어 모으고 이를 통해 사용자의 데이터를 확보해 AI 성능을 향상시키는, 이른 바 선순환 구조를 만드는 곳이 구글이다. 구글은 세상의 모든 것을 연결해, 세상의 모든 것을 지능화하겠다는 야심찬 목표를 갖고 있다.

구글은 '구글 검색' 등을 사용하는 20억명 이상의 사용자 데이터와 함께 핵심 인력을 보유함으로써 AI 경쟁력을 확보할 수 있었다. 지난 2016년 알파고와 이세돌의 세기적 바둑 대결을 통해 전 세계를 깜짝 놀라게 한 딥 마인드의 CEO 데미스 하사비스Demis Hassabis를 비롯해 최근 AI 분야에서 가장 주목을 받는 알고리즘 GAN Generative Adversarial Networks · 생성적 적대 신경망의 창시자인 이안 굿펠로Ian Goodfellow 등 초일류 AI 대가를 보유하고 있다.

AI 인재 확보를 위한 구글의 전략은 이렇다. 구글은 핵심인재 유치를 위해 이들에게 상당한 보상과 함께 자유로운 연구를 제공한다. 학교 교수와 구글 연구원 겸직할 수 있게 하는가 하면 당장 사업화될 것 같지 않은 기초 분야의 연구도 적극 지원한다. 유튜브 영상 추천이나 구글 번역, 구글 포토 등은 그에 따른 성과로 알려져 있다.

구글의 모기업 알파벳은 AI를 활용해 다양한 신사업을 추진 중이다. 자율주행차 개발 프로젝트의 경우 2016년 자회사 웨이모에 프로젝트를 맡겨 2017년 11월 세계 최초로 운전자 없이 주행 가능한 레벨4 자율주행 기술을 시연했다.

알파벳은 2020년까지 자율주행 차량 공유 서비스를 운영하겠다고 공언할 만큼 이 분야에서 앞선 기술을 자랑하고 있다.

또 다른 자회사 베릴리는 지난 2018년 3월 머신 러닝을 이용해 사람의 눈을 보고 심장질환 발병 가능성을 예측하는 등 헬스케어 분야에 AI를 접목·활용 중이다.

국내에서도 주요 IT 기업들은 AI 기술과 핵심 인재를 확보하는 데 소리 없는 전쟁을 펼치고 있다.

AI와의 만남을 통해 성장의 한계를 극복하고 새로운 융·복합 시장 기회를 선점하려는 것이다.

24

AI로 무장한
스타트업의 등장

글로벌 기업들은 2010년대 초반부터 인공지능 기업들을 인수하기 시작했다. 가장 대표적인 것이 2014년 구글의 딥마인드 인수였다. 구글은 지금까지 14개 이상의 인공지능 스타트업과 인수합병을 하며 가장 적극적인 행보를 보였다.

아마존은 폴란드의 아이보나Ivona 소프트웨어와 미국의 얍Yap을 인수해 음성 기술의 기반을 구축했다. 이들은 각각 텍스트-음성, 음성-텍스트 기술을 보유한 회사다.

삼성전자는 2016년 AI 플랫폼 개발 기업 비브 랩스를 인수해 음성 인식 플랫폼 빅스비를 출시했다. 마이크로소프트는 몬트리올에서 창업한 말루바를 2017년 1월에 인수했다. 말루바는 자연어 이해 분야에서 딥 러닝을 적용해 연구하던 기업이다.

이처럼 글로벌 IT기업들이 AI 전문 기업을 인수한 것은 2017년 에만 115건이다. 특히 글로벌 IT기업들은 일상에서 직접 경험할 수 있는 인공지능 기반의 인터페이스 기술에 관심을 집중해 왔다. AI 분야의 스타트업도 속속 등장하고 있다.

이스라엘 스타트업 바이얄은 3D 레이더 센서로 전파를 감지, 형상 및 움직임만을 시각화하는 영상 모니터링 기술을 개발했다. 다양한 스마트 기기 연결에 따른 개인 정보 유출이나 사생활 보호 를 위해 AI기술을 침실, 화장실 등 사적인 공간에 설치가 가능해 진 것이다.

신약 개발용 물질을 선별하는데 AI를 활용하는 경우도 있다. 영 국의 스타트업 베네볼런트는 AI 기반의 영상 분석을 통해 고객의 욕구를 예측, 매장 수익률을 20~30% 높였으며, 이는 AI를 도입 해 기업의 의사 결정과 운영의 효율화를 이끌었다.

25

AI 비즈니스의
합종연횡

데이터에 기반한 AI는 기업의 핵심 경쟁력이다. 내가 필요한, 그러나 갖지 못한 외부 데이터 확보를 위해 데이터 파트너십은 새로운 동맹의 관계가 될 수 있다. 서로 다른 산업의 데이터도 AI 중심으로 결합하면 새로운 가치를 창출하기 때문이다.

가장 단적인 예가 보험사가 내비게이션 앱에서 수집한 외부 데이터로 운전자 운전습관을 분석해 자동차 보험료 책정에 활용하는 방식이다.

지금까지는 올해 발생한 자동차 사고율 등에 기반해 내년도의 보험료를 책정해왔으며, 개인의 운전습관을 판단하는 방법은 사고발생 여부 밖에 없었다. 하지만 내비게이션에 기록되는 나의 운전 습관 데이터를 추가적인 판단 근거로 활용함으로써, 보험료율 책정을 더욱 정교하게 할 수 있게 됐다.

SK텔레콤은 T맵 운전습관과 연계해 운전자 보험을 할인해주는 '운전자습관 연계보험'을 지난 2016년 5월 DB 손해보험과 함께 국내 최초로 선보였다. 2017년 12월에는 KB 손해보험, 2018년 11월에는 삼성화재와 각각 손잡고 해당 상품을 잇따라 출시했다. 2018년 11월말 기준으로 T맵 운전습관을 통해 손해보험사로부터 운전자 보험 할인을 받은 고객은 68만명에 이른다.

실제로 보험사들은 T맵에서 확보한 운전습관 점수를 보험료율 책정에 활용한 결과, 이용자의 사고발생 여부를 더욱 정밀하게 예

• T맵 운전습관 가입자 점수 분포 비교

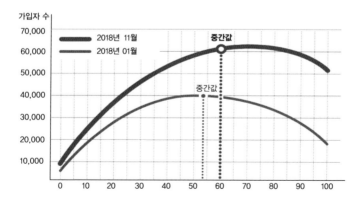

측할 수 있게 됐다고 평가한다. 즉 내비게이션에 기록된 대로 과속과 급주행·급정거를 피하는 고객들이 사고 발생 가능성도 낮더라는 것이다. 보험사들은 이같은 새로운 데이터를 이용해 자동차 사고의 가능성이 낮은 사람에 대해서는 보험료를 깎아줌으로써 고객 혜택을 강화하고, 고객들도 붙잡아둘 수 있어 '일석 이조'의 효과를 누리게 된 셈이다.

이처럼 T맵 데이터에 기반한 '운전자 습관 연계보험'은 우리가 데이터를 활용해 기업과 고객이 모두 윈윈할 수 있음을 단적으로 보여준다. 단순하게는 사고의 유무만을 갖고 보험료를 책정할 수도 있지만, 내비게이션 앱에서 수집한 데이터를 이용해 그동안 사각지대에 놓여있던 운전습관 데이터를 발굴해서 활용한다는 큰 의미를 찾을 수 있다.

또 '좋은 운전습관을 갖게 되면 경제적 이익까지 따라온다'는 인식을 확산시켜, 급가속, 급정지, 과속 등 운전자의 나쁜 주행 습관을 방지하도록 유도함으로써 안전 운전 의식을 높이는데 큰 도움을 준다.

실제로 안전운전 습관은 교통사고 감소 등으로 이어져 사회적 비용을 절감시켜 궁극적으로 사회적 가치 Social Value 를 높여준다.

앞의 표에서 확인되듯이, 2018년 1월 말 'T맵 운전습관' 점수의 중간값은 '54점'이었으나, 11월 말 'T맵 운전습관' 가입자 점수의 중간값은 '60점'으로 '6점' 증가했다. 즉 이용자들에게 안전 운전에 대한 동기 부여를 함으로써, 실제로 안전하게 운전하는 효과를 가져오는 것이다. T맵 운전습관은 100점 만점으로 60점 이상은 보험가입이 가능한 수준이다.

ICT기술을 보험에 응용한 데이터 융합의 사례는 또 있다. 보다폰 스페인Vodafone Spain, 맵프리와 커넥티드 오토바이 보험 서비스가 그것이다.

보다폰 스페인은 2019년 4월 보험사 맵프리와 협력해 커넥티드 오토바이를 위한 새로운 '모토콘넥타다Moto Conectada' 보험을 출시했다. 이 보험 계약자는 제휴업체들이 제공하는 GPS 장치를 오토바이에 설치하면, 해당 GPS 장치는 보다폰의 모바일 네트워크에 연결되어 사용자가 오토바이의 GPS 위치를 상시 모니터링하고, 도난 시에 스마트폰으로 오토바이 위치를 추적할 수 있도록 지원한다.

또한 보험 지원 애플리케이션을 통해 사고 발생 전 위험 가능성을 사전에 감지할 수 있으며, 잠재적인 사고에 앞서 긴급 통화를 자동으로 연결할 수 있다.

AI 서비스의 진화

'AI는 당신보다 당신을 더 잘 알고 있다'

각종 센서와 데이터를 통해 당신의 행동 패턴을 분석하는 AI의 특징을 설명하는 함축적인 말이다. 토요일 아침에는 몇 시에 일어나 세수를 하고, 몇 시에 산책을 나가는 지를, 정작 본인은 별 생각 없이 반복하지만, AI는 이를 정확하게 파악하고 있다.

이처럼 미래 IT 환경에서는 AI가 다양한 기기를 통해 환경과 사용자를 이해하고 가장 자연스러운 방식으로 사용자에게 기기와 서비스를 제공할 것으로 전망된다.

앰비언트 인텔리전스Ambient Intelligence, 생활환경지능 는 '사용자가 처한 상황과 환경을 인지하고 이해하여 자연스러운 인터페이스를 기반으로 정보와 서비스를 끊김 없이 제공하는 기술'을 뜻한다. 항상 정보를 수집 가공해 필요로 하는 장소와 시간에 사용할 수 있도록 한다는 뜻이다. 상황인지 Context Awareness, 개인화 Personalized 등의 사용자 습성과 맥락을 중시하고 사용자 의도를 예측 Anticipatory 하는 능력을 갖춰야 한다.

즉 어떤 특정 공간에 있는 사람들의 상황을 인지하고 그들의 몸짓이나 습관, 감정 등을 감지해서 그 상황에 맞는 적절한 환경을 제공해 주는 인공지능 기술이다.

스마트 홈의 경우 집안의 가전에 설치된 다양한 센서들이 사용자의 상황과 행동을 인지해 다음 행동 단계에서 필요로 하는 환경으로 맞춰준다.

인간의 의도와 상황을 인지해 필요한 정보나 행동으로 이어질 수 있도록 하는 게 생활환경 지능 기술의 핵심이다.

아침에 일어나면 '늘 하던' 대로 내가 좋아하는 채널의 뉴스가 TV에서 맞춰 켜지고, 출근을 위해 자동차 시동을 켜면 늘 하던 대로 회사를 도착 지점으로 내비게이션을 안내하는 식이다.

오늘의 날씨나 일정 · 출근할 때 듣기 좋은 노래를 추천하고 점심 · 저녁 약속 일정과 관련해 음식 주문이나 호텔 예약도 가능해지는 것이다.

사용자의 행동 유형이 인식돼야 하는 만큼 인공지능이 기반기술로 요구된다. 이와 함께 각종 기기에 센서를 부착해 IoT와 인공지능을 결합함으로써 '생활의 편리함'이라는 새로운 가치가 만들어진다.

최근 에어컨에 적용돼 있는 AI 기술은 사람이 직접 최고−최저 온도를 설정하는 것보다 더 효율적이다.

실내 공간에 문이 열려 있어 실내 온도가 예상보다 느리게 올라가는 경우, 실외기 주변의 열로 인해 실외기의 온도가 비정상적으로 높아지는 경우 등 에너지 누수가 발생하는 상황을 에어컨이 스스로 추론 · 감지해서 알려준다.

언제 어디서나 AI 플랫폼에 접속해 스마트 홈, 커넥티드 카, 웨어러블 기기에서 지금 나한테 필요한 서비스를 끊김 없이 제공받는 것, 이것이 인공지능의 미래가 될 전망이다.

AI가 가져올 사회 변화

AI의 영향력이 전 산업으로 확대되고 있다. 이 중 AI가 인간의 삶에는 어떤 영향을 미치고 있는지 사회적 변화에 대해 살펴보자.

인공지능이 인간 사회에 끼치는 영향 중 가장 긍정적이고 바람직한 방향을 손꼽는다면 바로 '삶의 질 향상'이다. 인공지능은 질병·환경오염·교통 혼잡 등 우리 사회의 난제를 해결해 줄 '사회 안전망'의 수단으로 기대되기 때문이다.

특히 100세 시대, 고령화 시대를 맞아 AI 기술을 건강 관리·진단 보조·신약 개발 등에 활용함으로써 질병을 예방하고 진단·치료하는데 큰 역할을 하는 점은 매우 주목할 만하다. 자율주행차가 상용화될 경우 고질적인 교통 혼잡이나 주차 문제는 크게 개선

될 전망이다. 우리 인류의 큰 과제인 환경 오염과 관련해 스마트 시티, 스마트 빌딩 같은 에너지 사용 최적화로 환경 문제를 해결하는데도 도움이 될 것이다.

또한 AI 기반의 실시간 통역·번역 애플리케이션은 언어 장벽을 극복하고 커뮤니케이션을 활성화하는데 기여하고 있다.

이밖에 AI 기술은 인간의 신체적 한계를 극복, 각종 위험을 방지하는데 효과적이다. 지진, 쓰나미 등 자연 재해를 조기에 예측하거나 대형 화재나 건물 붕괴 현장에서 AI는 위험에 처한 인간을 구조·구출하게 된다. 이미 다양한 분야에서 AI 기술은 삶의 질 향상에 기여하는 등 먼 미래가 아닌, 현재에도 한발씩 현실화되고 있다.

SK텔레콤도 인공지능 '누구'와 스마트 홈 IoT 등 ICT 기술을 활용해 돌봄의 손길이 필요한 독거 어르신과 장애인들의 외로움 해소 등 '삶의 질'을 높이는 프로젝트를 지난 4월부터 진행하고 있다는 점이다. 사회적 가치 Social Value 창출을 목표로 하는 '행복커뮤니티 프로젝트'다.

이 프로젝트는 2100여명의 독거 어르신들에게 AI 스피커 등을 제공하는 것으로, 급격하게 늘어나고 있는 1인 독거 어르신의 돌봄 문제를 해결하는데 있어 AI가 어떤 기능을 할 수 있는 지 주요한 테스트 베드가 될 것으로 전망된다.

'누구'는 감성대화 · 음악 · 뉴스 · 날씨 · 운세 등의 기능을 통해 독거 어르신의 외로움, 고독감을 달래는 친구 역할을 하게 된다. 또한 홈 IoT 기기와 연동, 거동이 불편한 독거 어르신이 보다 편리하게 생활할 수 있도록 도울 방침이다.

SK텔레콤 ICT 기반 돌봄 서비스는 정부, 지방자치단체들과 협력하는 '협력적 거버넌스'의 모범사례라는 의미를 갖고 있다.

ICT케어센터를 통해 독거 어르신들의 AI 활용 패턴을 분석하고, 어르신들이 말하는 발화 내용을 분석해 심리 상담에도 활용한다. 즉 '자살' '죽고 싶어' 등 위험군 단어를 카테고라이징 Categorizing 해서 어르신들의 부정어 발화가 급격하게 증가할 때는 심리 상담 등을 진행하게 된다. 또 이번 프로젝트에서 정부와 지자체는 지역의 경력단절 여성 등 중년층을 고용해 어르신들의 안전을 살펴보는 역할을 하고 있다. 서울성동 · 양천 · 영등포 · 서대문 · 중구 · 강남구 6개구청, 경기 화성시, 대전 서구청 등 8개 지자체가 참여하고 있다.

인공지능 등 ICT에 기반한 독거노인 돌봄 서비스는 IT 선진국인 우리나라에선 오히려 늦은 감이 없지 않다. 정부와 지자체, 사회가 이런 부분에 더욱 투자를 늘려야 할 때다.

또 스마트폰을 잘 다루지 못해 여러 가지 불편과 차별을 겪어야 하는 실버 세대를 위한 스마트폰 교육 사업도 꾸준하게 진행, 호평을 받고 있다.

금융부터 예약, 쇼핑까지 모든 것이 스마트폰으로 구현되는 시대인 요즘 어르신들의 스마트폰 문맹은 실질적인 불이익으로 돌아올 수 있기 때문이다.

SK텔레콤이 시행 중인 'T스마트폰 교실'은 실버 세대를 대상으로 스마트폰 조작 · 카카오톡 활용 같은 기초내용부터 금융 · 멤버십 · 교통 · 카메라 앱 이용법 등 심화된 내용까지 다룬다.

디지털 격차 해소

한국정보화진흥원에 따르면 일반 국민의 디지털 정보화 역량 수준을 100으로 봤을 때 20대는 145%로 가장 높지만 50대[80%], 60대[34.3%], 70대 이상[8.5%]로 급격히 낮아지는 모습이다. 실제로 노인들은 온라인 뱅킹, 스마트폰 뱅킹을 할 줄 모르나 점점 은행 점포가 줄고 있으며, 기차표를 항상 역에 나와서 기다렸다가 사야 하는 등 디지털화에 따른 부담이나 고통이 매우 크다.

노인 대상의 디지털 격차 해소나 ICT 복지에 관한 사회적 요구

는 고조되고 있어 행복 커뮤니티 같은 사회적가치 프로젝트에 더 많은 지자체와 기업들의 동참이 필요하다는 지적이다.

SK텔레콤은 독거노인에 이어 신체 장애인^{가정} 까지도 대상을 확대해 ICT 돌봄 서비스를 제공할 계획이다.

LH와 협력해 2019년 하반기부터는 서울 지역 일부 임대주택단지 내 장애인 등에게도 AI, IoT 기반의 기술로 세상과 소통하고 화재 등 사고를 예방할 수 있도록 안전망을 구축한다는 구상이다.

세상 모든 것이
디지털 데이터

PART **4**

28
모든 것이 기록된다

현재 우리는 모든 것이 기록되는 세상에 서 있다. 우리의 모든 움직임, 만나서 대화하는 것부터 몸의 건강 또는 감정 상태의 변화까지 우리가 생성한 것은 데이터로 남는다.

데이터는 쉬운 말로 정보다. 과거에는 세상 대부분의 움직임이 아날로그 데이터 형태로 머물러 있었다. 그러던 중 ICT의 발전에 따라 지금껏 디지털 신호^{Signal}로 변환할 수 없었던, 많은 아날로그 데이터들이 통신 기술을 통해 디지털 데이터화되고 있다.

'오프라인 세상 자체가 모바일로 들어온다'는 말은 오프라인 세상의 아날로그 정보가 무선망을 통해 디지털 정보로 전환되고 있음을 의미한다.

오늘날 인류 문명의 발달은 지식과 경험의 축적 덕이다. 인간이 동물과 다른 점 중의 하나는 이전 세대의 지식·경험을 같은 방식으로 얻는 게 아니라, 축적을 토대로 또 다시 한층 더 높이 쌓아간다는 것이다. 따라서 인류가 오늘날의 문명을 이룬 것은 데이터 축적 덕이라 해도 과언은 아니다.

우리 조상들은 처음에 구전, 즉 말로써 지식과 경험을 후세에 전했다. 수렵과 채집은 어떻게 해야 효과적인지, 날고기를 먹는 것 보다 익힌 고기를 먹는 게 훨씬 소화도 잘되고 건강할 수 있다든지, 그래서 어떻게 해야 불을 만들 수 있는 지 등등. 자연을 이해하고 맹수들과 힘겹게 싸워가면서 체득한 다양한 정보들을 열심히, 틈나는 대로 전했을 것이다. 문자가 발명되고 지식을 글로 기록해 전하기 시작하자 인류가 문명을 일으키며 비약적인 발전을 해왔음은 주지의 사실이다.

문자는 기억력이 갖는 인간의 한계를 극복하게 해줬고 수만, 수십만 년에 걸쳐 터득한 경험을 한 방에 알게 해줬다. 더욱이 활자가 발명되고 나서는 지식 등의 정보를 기록하는 것은 물론 사람들에게 공유하는 측면에서도 엄청난 속도와 효율이 생겼다. '고려시대 때 세계 최초의 금속활자^{직지}를 만들었다'는 역사적 사실은 우리 민족의 문화적, 과학적 우수성을 보여주는 대목이다. 1999년 미국의 시사 잡지 [라이프]는 지난 천년 동안 인류에 큰 영향력을 행사한 사건을 조사한 뒤 "금속활자의 발명은 인류 역사에서 가장 큰 영향력을 준 100대 사건 중 1위"라고 밝힌 바 있다.

책은 그 시대의 문명이 동시대 사람들에게 전달·순환하도록 돕고, 후세에 축적될 수 있도록 하는 핵심 수단이다. 인쇄술의 발전 정도가 그 사회 문화 수준을 가늠하는 척도 아니겠는가.

그런데 인쇄술, 출판 서적의 한계를 뛰어넘어 인류의 문명을 한 단계 도약할 수 있도록 한 것이 바로 컴퓨팅이다. 컴퓨터는 계산만 하는 기계가 아니다. 한 권, 한 권 수많은 책이 컴퓨터에 저장돼 있다고 가정할 때 우리는 인터넷 검색을 통해 누군가의 서버나 데이터센터에 저장된 정보를 손쉽게 획득할 수 있다. 즉 방대한 데이터를 기록·저장하고, 검색하고 여럿이 함께 향유할 수 있게 된 것이다.

이제 우리 인류는 정보의 축적과 사용의 방식이 고차원적으로 바뀌고 있음을 눈과 귀로 확인하고 있다. 그 거대한 변화를 우리는 4차 산업혁명이라 하고, 근간은 디지털화되는 축적 방식이다. 따라서 4차 산업혁명은 데이터 혁명이며, 데이터 시대와 디지털 시대는 동의어라 부를 수 있겠다.

29

신호의 역할

데이터를 가공 처리해 우리가 원하는 일정한 형태로 잘 갖춰놓은 것이 정보인데, 실제로 통신을 통해 상대방에게 보내는 것은 정보가 아니라 신호signal다. 신호로 변환해야 전달될 수 있기 때문이다.

여기서 잠깐. 아날로그와 디지털은 어떻게 다른지 살펴보자.

어떤 양 또는 데이터를 연속적으로 변화하는 물리량곡선 형태으로 전달하는 데이터는 아날로그 정보인 반면 어떤 양 또는 데이터를 2진수 체계0과1의 형태로 표현해 전달하는 데이터는 디지털 정보다. 쉽게 말하자면 아날로그는 데이터를 연속된 값의 변화로 표현한 것이고 디지털은 정보의 디지털화를 통해 숫자로 데이터를 표현한 것이다.

예를 들어 사랑하는 연인에게 사랑한다는 마음을 전하고 싶을 때를 가정해보자.

'사랑한다'는 정보는 데이터 형태에 따라 다른 형태로 전달되고 있다.

우선 분위기 좋은 레스토랑에서 만나 "사랑해"라고 말로 표현할 때는 아날로그 데이터 형태이지만 전화^{음성서비스}를 통해 "사랑해"라고 한다면 디지털 데이터 형태로 전환된 것이다. 사랑한다는 정보를 텍스트 형태의 편지로 표현했다면 아날로그 데이터이지만, 이메일^{문자 서비스}을 통해 전달될 때는 디지털 데이터로 전환된 것이다.

하트 모양의 그림을 그려 전달할 수도 있다. 하지만 팩스^{정지 화상 서비스}를 통해 그림을 전달할 때는 디지털 데이터로 전환됨으로써 가능해진다. 영상 테이프를 기반으로 하는 캠코더로 영상을 전달할 때는 아날로그 데이터이지만 인터넷TV^{동화상 서비스}를 통해 전달할 때는 디지털 데이터인 것이다.

이처럼 정보^{데이터}를 상대방에게 보내기 위해서는 통신이라는 전송 매체를 통해 정보를 전자기 신호 형태로 변환해야 가능하다. 결국 전달되는 형태는 신호인 셈이다.

유선 전화기는 아날로그 데이터를 아날로그 형태 신호로 전달하는 대표적 사례다. 우리 음성 목소리를 아날로그 '신호'로 바꿔 전화망을 타고 상대방 전화기에 도달한 뒤 다시 아날로그 '데이터'로 변환해서 우리 음성 목소리를 들려주게 된다.

디지털데이터를 아날로그 신호로 바꿔줄 수도 있다. 이런 역할을 하는 네트워크 장비가 모뎀이다. 컴퓨터내의 디지털 데이터를 아날로그 신호로 변환한 뒤 유선전화망을 타고 다른 상대방의 컴퓨터에 붙은 모뎀을 통해 전달되는 방식을 떠올리면 된다.

아날로그 데이터를 디지털 신호로 전달하기 위해서는 코덱 Codec 이라는 장비가 필요하고 디지털데이터를 디지털신호로 전달하기 위해서는 부호화 장치DSU 가 필요하다.

30

정보를 관리한다

　아날로그 정보를 디지털 정보로 변환해 사용할 수 있다는 것은 오프라인 세상을 관리·예측·통제할 수 있다는 뜻이다. 디지털 정보는 '0과 1로 만들어진 수'라고 했던 것을 기억할 것이다. 여름 삼복 더위에 실내 온도를 25도에 맞춰 에어컨을 가동시킬 수 있는 것처럼 숫자로 변환할 수 있다면 소위 관리Management가 가능해진다. 이렇듯 세상 사물의 아날로그 정보를 디지털 정보로 바꾸려는 근본적인 목적은 내 의지 하에 관리·예측·통제하기 위함이다.

　그렇다면 어떤 정보들을 내 관리 범위에 둘 수 있을까? 주변의 다양한 정보는 '에너지'라는 통로를 통해 우리에게 전달된다. 예컨대 등산을 하면서 햇빛이 밝다거나 뜨겁다든지, 새 소리가 아름답다든지 이런 정보를 얻는다. 가만히 살펴보면 '밝다'는 것은 빛 에너지를 통해, 뜨겁다는 것은 열 에너지를 통해 얻는 정보다. 또 새 소리는 소리 에너지를 통해 얻게 되는 정보다.

중요한 것은 이런 다양한 에너지 간에 서로 변환이 가능하다는 점이다. 전기 난로는 전기 에너지를 열 에너지로 바꿈으로써, 반대로 전구는 전기 에너지를 빛 에너지로 바꿈으로써 우리가 원하는 방식으로 사용하고 있다. 스피커에서 소리가 나는 것은 전기에너지가 소리 에너지로 변환하는 장치이기 때문이다. 에어컨 · 드라이 · 세탁기 등 가전제품은 이런 에너지 변환의 원리를 활용한 것이다.

정보와 전기 에너지

모든 정보는 전기 에너지로 바꿀 수 있는 데, 전기에너지^{와트=암페어×볼트}는 전압 값인 볼트^{voltage}, 전류 값인 암페어^{Amperes}, 전력량인 와트^{Wattage} 등의 숫자로 바꿀 수 있다. 에너지를 통해 정보가 발생하고, 이런 정보가 전기로 그리고 숫자로 변환하면서 정보의 디지털화가 이뤄진다. 앞서 숫자로 변환된 정보는 이진수로 변환 가능하다고 짚어본 바 있다. 컴퓨터는 전자 자기 장치이므로 전류가 흐르면 1, 흐르지 않으면 0 이라는 약속 하에 모든 정보를 0과 1로 변환해 받아들인다.

여기서 궁금한 게 있을 수 있다. 에너지를 숫자로 변환해서 디지털화하는 것은 알겠는데 도대체 어떤 기술을 이용해 '숫자'로 변환시키는 것일까?

정보의 디지털화

4차 산업혁명 시대에 IoT 기술이 거론되고, 5G 특성 가운데 초다연결성이 3가지 요소 중 하나였음을 떠올려보자. 해답은 여기에 있다.

어떤 에너지를 디지털화할 때는 센서^{Sensor}가 필요하다. 우리말로는 감지기다. 센서는 여러 가지 물리량^{物理量}, 즉 소리나 빛·온도·압력 따위를 검출하는 소자^{素子}다. 따라서 IoT는 또 다른 의미에서는 '사물에 붙어 있는 센서'다.

센서를 통해 아날로그 정보를 수집한 뒤 근거리 무선통신^{NFC}, 블루투스$^{Blue \; Tooth}$, 와이파이^{WiFi}, 지그비^{Zigbee} 등의 통신수단을 통해 디지털 정보로 전달하는 역할을 한다. 그래서 5G를 통해 현재 수준보다 10배 많게 IoT가 수백만 개 연결된다는 것은 수백만 개의 아날로그 정보가 빠르고 손쉽게 디지털 정보화로, 다시 말해 내가 통제하고 관리할 수 있게 됐다는 의미인 것이다.

이제 '오프라인 세상이 5G 네트워크를 통해 모바일로 들어온다'는 의미를 우리가 일상 생활에서 흔히 볼 수 있는 사례로 이해해 보자.

동네 목욕탕에 가면 몸무게를 재는 저울이 있는데, 과거에는 아날로그 저울의 바늘이 움직여 몸무게를 알려줬지만 요즘은 디지털 저울이 숫자로 알려주고 있다. 또 예전 학교 교실에는 빨간 눈금이 달린 아날로그 온도계가 달려 있어 눈금을 통해 온도를 보여줬지만 요즘에는 눈금 대신에 스마트폰 앱^{디지털 온도계}이 온도를 숫자로 알려준다.

이렇듯 무게나 온도 등의 생물학적 정보를 숫자^{디지털 정보}로 바꿔^{변환해서} 알려주는 게 센서다. 과거 눈금을 통해 표시하는 아날로그 방식이 이제는 센서를 이용해 해당 측정값을 디지털화해 우리에게 숫자로 보여주고 있다.

31

센서가 있어 가능하다

스마트폰에 수 많은 센서가 들어 있다는 얘기를 들어봤을 것이다. 스마트폰을 통해 사진을 찍을 수 있는 것은 '빛 센서'가 담겨 있기 때문이고 음악을 들을 수 있는 것은 '소리 센서'가 담겨 있기 때문이다.

스마트폰을 통해 내비게이션이나 지도앱을 이용할 수 있는 것은 '위치 센서' 덕분이다.

동영상 시대이니 오디오^{소리}와 이미지^{영상}이 어떻게 디지털로 바뀌고 저장되는지 잠깐 살펴보도록 하자.

우리가 마이크 장치에 '소리'를 내면 마이크 전선에 전류가 흐르게 된다. 그러면 전류를 통해 흐르는 '아날로그 신호'를 소리 센서가 0과 1의 '디지털 정보'로 바꿔준다. 디지털 정보로 바뀐 데이터는 파일File 의 형태로 저장되기도 하고, 스피커를 통해 다시 소리의 형태로 복원되기도 한다.

영상 이미지Image 도 같은 원리다. 디지털 카메라 또는 스마트폰을 통해 사진을 찍으면 렌즈를 통해 영상 정보가 들어오는데, 기기 내부의 빛 센서를 통해 촘촘한 바둑판 같은 사각형 픽셀pixel; 화면의 최소 단위. 畵素 을 만들어 디지털화한다.

빛 센서는 원본의 이미지를 매우 잘게 쪼갠 뒤 픽셀 칸 마다 빛이 있으면 1, 빛이 없으면 0으로 표현한다. 이렇게 명암을 통해 디지털화한 게 흑백사진이다. 빨강 파랑 초록색 3개 센서를 동원해 0과 1을 표현하면 컬러 사진이 나온다.

흑백이든 컬러이든 원본의 이미지를 더 잘게 쪼갤수록, 즉 화소가 많을수록 밝고 어두움의 정도를 더욱 상세히 표현할 수 있다. 물론 화면이 더 생생하다는 것은 컴퓨터나 스마트폰의 데이터 저장 공간에 훨씬 더 많은 데이터 용량을 차지한다는 의미다.

영화 필름의 경우 움직이는 모습을 1초당 수십 장씩 찍어 그 정지된 화면들이 빠른 속도로 움직일 뿐인데 우리는 실제 움직이는 줄로 착각한다.

과거 찰리 채플린이 등장하는 무성 영화를 보면서 뭔가 어색하고 부자연스럽다고 느끼는 것은 그 정지된 화면을 지금처럼 여러 장 사용하지 못했던 까닭이다.

　1초에 정지 화면 십여 장을 사용했다면 지금은 수 십장 사용함으로써 마치 내 눈앞에서 살아 움직이는 것 처럼 느끼게 되는 것이다.

32

압축 기술

여기서 디지털의 중요한 장점 하나를 발견하게 된다. 소리와 영상은 분명 서로 다른 종류의 아날로그 데이터다. 그런데 컴퓨터 장치 내에서 소리와 영상이 함께 묶여, 즉 정보가 융합됨으로써 음성과 영상을 동시에 보고 들을 수 있게 한다.

통신 기술의 발전과 궤를 같이 하는 게 압축 기술이다. 소리와 이미지, 그리고 둘을 하나로 묶은 동영상이 데이터 통신망을 타면서 압축 기술이 주목 받게 된다. TV나 라디오는 방송국이 일방적으로 한번 신호를 전송해주면 끝이지만 영상을 보다가 '좋아요'도 누르고 '공유하기'도 하려면 통신망을 타고 흐르는 데이터를 효율적으로 관리해줘야 한다. 당연히 막대한 인프라 확장 비용 없이 가능하도록 한다는 전제에서다. 따라서 소리, 영상 등을 압축해 원래의 미디어를 되돌리는 코덱 ^{Codec} 기술이 발전하게 된다. 코덱은 아날로그 신호를 디지털 신호로 바꾸고^{Code}, 이를 다시 원래 형태로 되돌리는^{Decode} 기능을 합친 기술을 뜻한다.

디지털의 장점

과거 테이프에 담겨 재생되는 비디오가 어느덧 대용량 정보 처리를 위해 CD, DVD에 담는 쪽으로 흘러갔다. 이것도 잠시. 2000년대 접어들면서 동영상의 대용량 데이터마저 실시간으로 주고받을 정도로 모바일 인터넷이 가능해지자 코덱 관련 기술은 '물 만난 물고기'가 된다. 결국 DVD를 대여하던 넷플릭스가 인터넷을 통해 영화를 보는 방식으로 비즈니스 모델을 바꾼 것도 인터넷 기업들의 코덱 기술이 뒷받침해준 덕분이라고 하겠다.

디지털의 장점을 정리하자면 가장 큰 혜택은 뭐니 뭐니 해도 모든 정보를 통합할 수 있다는 것이다. 아날로그를 디지털로 바꾸는 까닭은 정보들끼리 서로 묶일 수 있게, 즉 융합이 가능하도록 해주기 위함이다.

또 정보의 보존이나 재생 측면에서 아날로그에 비해 매우 뛰어나다. 예컨대 20~30년 전만해도 음악을 들을 때는 레코드LP 판이나 테이프를 통해야 했다. 그런데 반복해 들을 때마다 잡음이 많아지는 등 재질이나 음질이 손상되기 일쑤였다. 이에 비해 디스크CD나 MP3 방식으로 음악을 들을 경우 수 천 번 반복해도 재질, 음질의 손상은 거의 없다.

또 다른 장점은 컴퓨터 내에서 검색 및 편집의 편리성이다. 내가 여러 곡 중에서 원하는 곡을 찾아 들으려면 음악 테이프의 경우 매우 번거롭고 시간이 많이 걸렸다. MP3 파일 형태라면 매우 심플하다. 검색 기능을 통해 듣고 싶은 곡을 바로 찾아 들을 수 있고, 저장된 여러 곡들의 순서도 얼마든지 내 맘대로, 손쉽게 바꿀 수 있다.

위에서 살펴본 것처럼 디지털화는 아날로그 시절에 꿈도 꿀 수 없었던 '막대한 양의 정보 축적'과 복제와 공유 방식을 통해 '빛의 속도 같은 빠른 정보 활용'을 실현하고 있다.

오프라인 중심의 현실 세상만 알고 살아온 인류에게 또 하나의 세상인 가상공간을 추가해 결합 · 융합시키는 중이다. 지금까지와 다른 차원이 다른, 완전히 새로운 세상을 기대할 수 있게 된 이유는 매우 빠른 디지털화 기술이 뒷받침되면서 우리들에게 다가오고 있기 때문이다.

33

미래는 상상으로
만들어 진다

앞서 살펴 본 것처럼 디지털화는 정보, 다시 말해 막대한 데이터를 축적하고 빛의 속도로 활용할 수 있도록 함으로써 우리 삶의 방식까지 통째로 바꿔놓고 있다.

인류 문명을 건축물에 비유한다면 데이터는 당연히 건축물을 지탱하는 벽돌이나 기둥 같은 존재다. 금속활자와 인쇄물 등 아날로그 방식 덕에 지금의 고층 건물을 지었다면 디지털 방식은 초고층 건축물을 지을 수 있도록 할 것이다. 엄청난 속도로 생산되는데 벽돌, 철제 빔 기둥 역할의 데이터가 든든하게 받쳐줄 것이기 때문이다.

얼마 전까지만 해도 웬만한 사람들은 마음만 먹으면 우리 사회의 변화 속도를 따라갈 수 있었다. 미래에 대한 예측도 어느 정도 가능했다. 적어도 내가 30년 후 아버지 세대가 된다고 할 때 그 사회가 어떤 모습일지, 어떤 형태의 삶을 살아갈 지 예측의 범위가 맞아 들었다. 지금까지는 산술급수 정도의 진화발전 속도이기에 가능했다고 본다.

이제는 기하급수 정도의 진화 발전 속도여서 미래를 예측한다는 것은 불가능하다는 생각이다. 다만, 앞으로 수년 후, 길게 보면 통신 세대인 10년 앞까지 사회상이나 삶의 변화 정도를 예측할 수 있을 뿐이다.

미래는 상상을 통해 만들어진다고 했다. 우리가 최근 벌어지는 디지털 경제의 현상과 특성을 살펴보는 까닭은 이를 통해 더 나은 미래를 위한 예측과 상상의 힘을 키우기 위함이다.

34

관계 맺기가
달라진다

인간은 사회적 동물이다. 혼자서는 살 수 없다는 말인데, 다른 사람들과 끊임 없이 친밀감, 유대감 같은 관계^{Relationship}를 맺는 것을 의미한다.

새로운 사람을 만나고 싶어하는 것은 인간의 기본 욕망이다. 그래서 나이가 많든 적든 다른 사람과 관계를 맺고, 기존의 친구들과 관계를 유지한다는 것은 인간에게 매우 중요한 일 중 하나다.

디지털 세상, 데이터 시대에서는 ICT^{정보통신기술} 기기와 기술을 토대로 새로운 인간 관계를 맺을 수 있게 하고, 유지할 수 있게 한다.

지금까지는 오프라인 세상이 나의 준거^{準據} 집단이고 기준이었기에 내가 사는 동네, 다녔던 학교나 직장 등이 다른 사람과 관계를 맺는, 핵심 연결 고리 역할을 담당했다.

하지만 디지털화된 세상에서는 네트워크 기술의 발전에 힘입어 공간^{지역}의 한계성을 뛰어넘도록 하고 있다.

내가 속하지 않은 오프라인 세상의 준거집단이 아니더라도 손쉽게 지구촌 저 너머 세상의 새로운 사람을 친구로 만날 수 있고 연인이 될 수 있다.

이처럼 디지털화는 연결된 세상, 네트워크 세상을 가능하게 한다. 이른 바 디지털 경제의 특징 중 하나가 네트워크 시대의 도래를 이끌고 있다는 것이다.

SNS 플랫폼을 떠올려보면 금세 이해될 것이다. 내가 모르는 사람이지만 내가 맺은 친구의 친구를 손쉽게 찾을 수 있고 친구 신청이나 수락 등 관계 맺기도 손쉽다.

디지털 세상에서는 강화된 연결성^{네트워크} 덕분에 인간관계 맺는 방식도 달라진다.

35

나눌수록
부자가 된다

우리 사회가 중요시하는 '경제적 가치의 기준'도 바뀔 수 있다. 현재 사람들이 중요시 하는 금전적 가치는 각자 기준이 다르겠지만 대체로 서울 강남의 아파트, 벤츠 같은 고급 승용차, 금과 다이아몬드 같은 보석 등을 떠올릴 것이다. 이들 물건은 누구나 손쉽게 소유하기 힘들다는 공통점이 있다.

경제학에서는 이를 '희소성의 원리^{법칙}'이라고 한다. 그렇다. 세상에서 얼마 안되기 때문에, 다시 말해 '수요' 보다 '공급'이 한정돼 있어 생겨나는 법칙이다. 동네 뒷산에 올라가 언제 · 어디를 파든 다이아몬드 · 금을 캐낼 수 있다면 지금처럼 비싸게 유지되고, 누구나 갖고 싶어하는 보석이 될 수 있을까?

그런데 디지털화가 빠르게 진행되면서, 좀 더 정확하게는 네트워크 세상이 되면서 '희소성만이 정답은 아니다'라고 일깨우고 있다. 네트워크 세상에서는 희소성 보다는 사람들 사이에서 '더 많이 공유될수록, 가치는 더욱 더 커지는' 특징을 보인다.

인플루언서 전성시대

2019년 3월말 현재 국내 유튜버 Top 3에 든다는 'JFla Music'의 경우 구독자가 무려 1,127만명이며 조회수는 20억뷰. 외국 팝송을 중심으로 한 노래 커버 유투버인데 국내 보다 외국에서 구독자가 많다고 한다.

많이 알려진 음식 먹방 유투버 '벤쯔'의 경우 구독자 수가 318만명이 넘고 10억 뷰가 넘는 조회수를 보유 중이다. 1위를 차지한 '원밀리언 댄스 스튜디오'가 구독자수 1,474만명에 33억뷰 조회수를 보유 중이다.

한국전파진흥협회의 '국내외 산업동향 MCN 및 기업실태조사 보고서에 따르면 1인 방송인 채널인 '캐리앤토이즈'의 경우 한 해 8억원에 가까운 수입을, '대도서관'의 경우 5억6천여만원의 수익을 올렸다.

지난 2018년 말 교육부와 한국직업능력개발원이 조사, 발표한 결과에 눈길이 가는 대목이 있었다. 초등학생들의 장래희망 직업에 '유튜버'가 5위를 차지했다는 것이다. SNS에서 수십만, 수백만 명의 팔로워를 거느린 유튜버를 인플루언서라고 하는데 이들의 영향력이나 경제적 가치는 연예인 등 인기스타 못지 않다. 요즘 초등학생, 중고등생들은 TV 공중파를 접하지 않기 때문인지 TV 인기 스타는 잘 모른다.

유튜브 같은 SNS에서 인기를 끈 인플루언서들이 TV 프로그램에 등장하는 일이 벌어지고 있다. SNS가 TV 공중파 영향력을 넘어서고 있음을 보여주는 반증이기도 하다.

이들 인기 유투버가 올리는 영상 콘텐츠는 팬덤을 형성한 팔로워들에 의해 여기 저기로 공유되고 전달돼 막강한 파워를 갖게 된다. 이쯤 되면 '공유 가치의 재발견'이라고 부를 만 하겠다.

36

왜 소유에서
구독일까?

예전에는 좋아하는 특정 가수들의 음악을 듣기 위해 LP음반이나 CD, DVD 등을 구입해야 했다. 그게 당연하다고 여겼다. 애플의 故 스티브 잡스 CEO조차도 '사람들이 자신의 음악을 소유하길 바란다'고 판단했다. 지난 2007년 애플은 아이튠스 사업 초기에 각종 음악을 손쉽게 찾아 내려받기^{소유} 용도로 음원 생태계를 구축했다. 그러나 올해 가장 공격적으로 구독 경제 서비스를 확대하는 기업 중 하나가 바로 애플이다.

요즘 음악 소비 형태를 떠올려보자. 음악은 과거보다 더 많이 소비하는데 집에, 사무실에 음반이 쌓여가는가?

부지불식간에 멜론, FLO 같은 음원 플랫폼 회원 가입을 통해 음악을 즐기고 매달 꼬박꼬박 은행계좌를 통해 지불하는 식으로 바뀌었다. 제품을 구입하는 대신 서비스를 구독하는 시대로 바뀌어가고 있는 것이다. 음반 제품을 구입하면 특정 가수의 노래를 무한 반복해 즐길 수 있겠지만 하루가 멀다 하고 출시되는 다른 가수들의 음악은 어떻게 즐길 수 있겠는가. 일정액을 매달 내고 다양한 음악을 무한해 들을 수 있도록 하는 구독이 정답일 수 밖에 없다. 오디오, 비디오 서비스가 실시간 시청·청취 디지털 기술 '스트리밍 Streaming'과 만나자 소비자와 기업이 달라지고 있다.

구독 경제는 우리 인간 사회에서 수백 년 지속돼 오던 소유의 개념을 지우며 새로운 경제 생활을 만들어내고 있다. 물건을 소비하는 방식이 소유 Ownership 에서 가입 Membership 으로 바꾸고 있는 것이다.

클라우드나 사물인터넷 IoT 확산에 힘입어 디지털화가 급속히 진행되고 스트리밍 같은 디지털 기술이 가세하면서, 구독 경제 Subscription Economy 시장의 흐름이 자리잡고 있다.

구독형 수익 모델을 적용하는 기업들은 국내외 가릴 것 없이 우후죽순 등장해 맹활약 중이다. 컨설팅 업체 액티베이트 Activate 의 기술전략가 마이클 울프 Michael J.Wolf 는 월스트리트 저널의 2017년 기술 & 미디어 전망 보고서'를 통해 "2021년이 되면 구독형

Subscription 모델에서 나오는 매출액이 글로벌 인터넷·미디어 분야 매출의 50% 이상을 차지하게 될 것"이라며 구독형 비즈니스 모델에 대해 장밋빛 전망을 내놓은 바 있다. 그는 "미디어 시장에서 다운로드형 비즈니스 모델이 구독형 모델과 프리미엄 모델에 자리를 내주고 있다"고 덧붙였다. 프리미엄 freemium 모델은 기본 서비스는 무료로, 고급 기능은 유료로 제공하는 개념이다.

그에 따르면 앱App 시장에서 최상위 구독형 서비스로 자리매김한 기업들은 스포티파이Spotify, 넷플릭스Netflix, HBO, 훌루Hulu 같은 영상 및 음악 스트리밍 서비스 업체 등이다.

구독형 수익모델

국내의 FLO나 멜론처럼 음악을 스트리밍 서비스해주는 미국의 '스포티파이Spotify'는 2018년 말 기준으로 회원 보유수가 전 세계 1등이다. 유료 가입자수는 8,700만 명에 달할 정도다.

애플 역시 애플 뮤직의 사업 모델 전략을 소유가 아닌 구독으로 수정 변경했다.

애플은 지난 3월말 뉴스와 게임을 위한 새로운 구독 서비스를 출시하며 서비스 영역을 확대하고 있다. 애플은 그동안 애플 뮤직을 통한 음원 월정액 요금제를 제공해오다가 뉴스와 동영상, 게임으로 3종의 신규 구독 서비스 추가하거나 추가를 예고했다. 뉴스 구독 서비스인 '애플 뉴스플러스'는 미국과 캐나다를 시작으로 월 9.99달러에 출시됐다. LA타임즈, 월스트리트저널, 뉴요커등 300여개의 신문과 잡지에 대한 무제한 기사열람권을 제공하는 서비스다. '애플TV 플러스'의 경우 올 가을에 출시될 예정인데, 매월 일정 금액만 내면 드라마부터 영화, 다큐멘터리를 볼 수 있는 서비스다. 미국의 오프라 윈프리 Oprah Winfrey, 스티븐 스필버그 Steven Spielberg 등 유명인사들이 참여할 예정이며 애플은 수십억 달러를 들여 오리지널 콘텐츠를 제작해 이 서비스에서 선보일 계획이다. 게임 관련한 '애플 아케이드'는 100개 이상의 독점 게임을 무제한으로 이용할 수 있도록 한다는 방침이다.

구글 역시 신규 게임 서비스에 구독 모델을 적용했다. 구글은 2019년 3월 중순 클라우드에 기반한 게임서비스인 '스태디아 Stadia'를 선보였다. 스태디아는 구글의 클라우드에 수십만 개의 게임을 올려 사용자들이 스마트폰이나 PC 등 기기 종류와 무관하게 마음껏 이용할 수 있도록 한다는 계획이다.

'넷플릭스 Neflix' 역시 비디오 스트리밍 서비스를 통해 대표적인 구독 비즈니스 업체로 올라선 곳이다. 지난 2018년 중반기 시가총액이 1,530억 달러를 기록해 1518억 달러의 미국 최대 엔터테인먼트 기업 월트 디즈니The Walt Disney'를 제치는 기염을 토하기도 했다.

구독 비즈니스는 오래 전부터 우리에게 익숙한 사업모델이었다. 매월 구독료를 지불하는 신문과 잡지 등의 정기구독을 생각해보면 된다. 오프라인 세상에서는 신문 구독자는 해마다 급감하고 있는데 왜 모바일 상에서는 구독 경제가 소위 '뜨는' 것일까?

소비의 트렌드 변화에서 찾을 수 있겠다. 가성비 · 가심비라는 유행어에서 알 수 있듯이 소비자들은 합리적인 소비를 지향하고 있다.

이는 1인 가구의 급증에 따른 인구家口 구조변화에 기인한다. 우리나라의 경우 통계청의 인구주택 총조사2017년 기준에 따르면 2015년부터 1인 가구가 가구 비중에서 가장 높은 비중을 차지하기 시작했고, 2017년에 28.6%560만9,000가구로 계속 비중이 확대되고 있다. 1인 가구는 다인 가구보다 음식 등의 생활품 소비량이 적기 때문에 필요한 만큼 정기적으로 배송받는 게 유리하다.

2인, 3인 다多인 가구 역시 '나 홀로' 소비 형태 추세에 영향을 받아 나 홀로 소비를 선호하게 된 것도 구독 경제의 흐름에 한 몫을 하고 있다.

과거 몇 년 전만해도 내 취향에 맞는 가수의 음악이 나오면 일정 정도는 구입해 즐길 수 있었지만, 요즘은 매일 매일 인기 뮤지션들의 새로운 음악이 '쏟아져' 나오고 있다. 내 월급을 몽땅 털어 구입한다고 해도 이런 추세에서 몇 번 듣지 못할 게 뻔하다.

점점 소비자들은 소유 대신 정기 구독이 경제적으로 훨씬 이득이라고 여기고 있다. 즉 음악 CD 1개 값도 안되는 일정 금액을 매달 지불하기만 하면, 헤아릴 수 없을 정도의 다양한 음악을 '무한 소비'할 수 있다. 게다가 정기 구독을 하면 온갖 시장의 흐름과 정보를 전해주고 내 취향을 어떻게 알았는지 내가 좋아할만한 음악을 추천해주는 등 양질의 서비스까지 덤으로 제공받는다.

필요한 만큼만 이용하고 지불하겠다는 소비자 마인드와 지출 절약 등의 합리적 소비, 서비스 만족도 제고 등의 소비자 가치가 구독 경제를 견인하고 있다.

37

구독
비즈 모델의 매력

　기업 입장에서도 구독 비즈니스 모델은 매우 매력적이다. 정기 구독자가 확보된다는 것은 제품과 서비스 제공 측면에서 예측이 가능해진다는 의미다. 고정 고객을 확보함으로써 예측 가능한 생산이 가능해지고 이로 인해 마케팅 비용도 줄일 수 있다.

　또 중요한 점은 구독자 취향을 더욱 정확히 알게 되고, 더 만족할 만한 서비스를 제공할 수 있다는 것이다. 고객이 떠나지 않도록 하는, 오래 머무를 수 밖에 없는 Lock-in고착화 효과다.

　스포티파이 · 애플뮤직 · 넷플릭스 등은 고객의 음악 · 영상 성향을 빅 데이터와 AI 기술로 분석한 뒤 고객이 좋아할 만한 음악 · 영상을 추천해준다. 구독 신청 가입 과정에서 고객은 자신의 프로필과 취향에 대한 정보를 제공하게 되는데, 이를 바탕으로 맞춤 서비스를 제공한 뒤 그 피드백을 또 다시 참고해 상품, 서비스 구성에 반영하는 식이다. 이렇게 되면 고객_{소비자}들이 몰랐던 자기 취향의 가수나 영화에 대한 수요가 재창출된다.

콘텐츠 서비스에서 시작한 구독 기반의 비즈니스 모델은 소비재, 소프트웨어 분야로도 확산되고 있다.

우버^{Uber} 역시 월 구독 서비스 '라이드 패스^{Ride Pass}' 대상 지역에 16개 도시 추가했다.

우버는 자사가 2018년 출시한 라이드패스를 10개 이상의 새로운 시장에 출시할 계획이라고 발표했다. '라이드패스'는 우버 가입자가 UberX, Uber Pool, Express Pool 라이드를 할인된 가격에 이용할 수 있게 해주는 월간 구독 서비스로, 향후 전기자전거 및 스쿠터 이용도 포함할 예정이다.

우버의 Jump e-bikes와 스쿠터 서비스가 제공되는 도시 사용자들은 정액에 스쿠터와 전기자전거도 이용할 수 있다. 아울러 우버는 한정된 기간 동안 라이드패스 가입 시 하루당 30분의 무료 자전거 · 스쿠터 라이드 서비스를 제공할 계획이다.

스타트업의 구독 경제 모델

국내에도 월정액으로 전자책 콘텐츠를 무제한 제공^{밀리의 서재}하거나 커피를 무제한으로 즐길 수 있도록^{W카페}하는 스타트 업이 있다. 또 남성 소비자를 타깃으로 면도날 정기 배송^{이줄리}하거나, 매주 새로운 셔츠를 배송하고 기존의 셔츠는 수거^{위클리셔츠}하는 스타트업 등이 성업 중이다.

이 밖에 보습, 미백 등 용도의 마스크 팩을 정기 배송^{아모레퍼시픽}, 꽃 정기 배달^{꾸까}, 양말 정기 배송^{미하이삭스} 등의 구독 경제 모델이 하루가 멀다 하고 등장하고 있다.

외국의 경우 월 39.95달러를 내면 고객 취향을 반영해 새 구두를 매달 배달^{ShoeDazzle}하거나 월 10달러 미만의 회비로 매달 한 번 면도날을 배송^{달러 셰이브 클럽, DSC}하며, 월 12.99달러를 내면 장난감을 매주 하나씩 배송^{플레이}해주고 있다. 특히 스타트 업체인 DSC의 경우 창업 4년 만에 면도기 시장 점유율 10%를 차지하는 등 돌풍을 일으키자 업계 1위 질레트가 바짝 긴장하면서 면도날 배송 서비스를 도입하는 일이 벌어졌다. DSC는 2016년에 글로벌 생활용품 업체인 유니레버에 10억달러에 인수돼 큰 화제가 됐다.

어도비^{Adobe}는 라이선스 판매 방침을 버리고 월 이용료를 내면 다양한 기기에서 소프트웨어를 사용할 수 있도록 했다. 특히 클라우드 시대가 되면서 전 세계 기업들은 각자 자체 서버를 구축하는 대신 아마존이나 MS, IBM, 알리바바의 클라우드 서비스로 전환 중이다. 소프트웨어는 물론 개발 솔루션이나 인프라, 플랫폼까지 자체 구축, 구매하는 대신 쓴 만큼 비용을 지불하는 방식을 선택하고 있다. 현재 아마존이나 MS의 매출과 이익을 안겨주는 효자 손 사업은 바로 클라우드 서비스다.

매킨지Mckinsey 조사에 따르면 구독 서비스를 이용하는 고객들의 85%가 2개 이상의 서비스를 이용하는 것으로 나타났으며, 3개 이상의 서비스를 이용하는 비율도 전체 이용 고객 중 35%로 나타났다.

"한 번도 이용하지 않은 사람은 있어도, 한 번만 사용한 사람은 없다."

구독 서비스 경험에 대한 한 줄 정리다. 향후 구독 경제가 더 활성화될 것을 예고하고 있다.

38
공유경제의 비결
'연결의 힘'

소유하지 않으면서 새로운 경제를 만들어내는 또 다른 방식이 있다. 공유 경제 얘기다.

앞서 상품과 서비스의 소비 방식이 '소유'에서 '가입'으로 바뀐 게 구독경제라고 했다. 공유경제는 상품과 서비스의 소비 방식이 소유에서 일정 기간 점유하는 방식을 칭한다. 자신이 사용한 만큼 상품과 서비스의 주인에게 돈을 지불하는 방식이다. 사용한 만큼 지불한다는 점에서 구독 경제와 같지만 지불의 대상은 궁극적으로는 기업이 아닌, 개인이라는 점에서 차이가 있다.

우버Uber 와 리프트Lyft, 에어비앤비Airbnb 는 공유 경제를 대표하는 기업이다. 차량 공유, 숙박시설 공유를 통해 새로운 경제 생활을 이끌어내 급성장했다. 이들의 공통점은 차량·숙박시설을 가진 사람과 이를 일정기간 이용^{점유}하고자 하는 사람을 연결시켜 준다는 것이다.

5G가 초연결 시대를 가능케 하는 인프라 역할을 한다고 언급했 는데, 그 초연결 시대를 맞아 공유 경제가 급부상 중이다. 이들 공 유 경제 기업들은 차량이나 숙박시설을 보유하는 대신 서로를 연 결시켜주는 플랫폼을 구축함으로써 공유 비즈니스를 한다.

마치 중매자처럼 둘 사이에서 양쪽의 관계를 맺어주는 식인데 디지털 세상, 데이터 시대에서는 오히려 주인공 대접을 받고 있 다. 왜 그럴까? 연결의 힘은 우리가 생각하는 수준보다 훨씬 더 큰 힘을 갖고 있어서다.

2019년 3월말 미국 리프트^{Lyft}는 IPO^{기업공개}를 통해 나스닥에 상장하는데 대성공을 거뒀다. 공모가가 주당 72달러였는데 상장 첫 날 8.7% 오른 78.29달러에 마감됐다.

주목할 점은 시가총액이 222억 달러, 우리 돈으로 25조2천억 원 가량이라는 점이다. 국내 현대차 시총이 25조 5천억원대라는 점에 비춰볼 때 매우 놀라운 기업가치를 뜻한다. 차량을 생산도, 판매도 해본적 없는 기업이, 그것도 작년 한 해 손실액이 1조원이 넘는 기업이 세계 5위 자동차 업체인 현대차 시가총액에 육박했다? 이게 가능한 일인가? 미국 투자자들은 미래의 성장 가치에 베팅을 했기에 가능한 일이 됐다.

보스턴 컨설팅 그룹에 따르면 2030년에는 우버, 리프트 같은 차량 공유 업체가 미국 내 차량 주행 거리의 30%를 차지할 전망이다.

글로벌 최대 차량 공유 업체인 우버 역시 2019년 5월 중 상장 IPO 예정인데, 투자자들이 예상하는 기업가치는 1000억달러, 우리 돈 115조원대에 달한다.

앞서 자동차를 생산하는 업체는 테슬라에 의해 크게 한 방 얻어 맞은 바 있다.

2017년 연간 10만대 생산에도 못미쳤던 전기차 업체 테슬라가 미국 1위 자동차 업체인 GM의 시가총액을 추월하는 미증유의 일이 벌어졌던 것이다.

외견 상으로는 구멍가게 만한 스타트업에게 전통의 자동차 업체들이 한낱 '동네북'으로 전락하는 신세가 됐다. 자동차 산업의 미래는 '전기차'이고, 차량을 생산하는 업체보다는 '차량공유를 중개하는 플랫폼 업체'라는 점을 보여주는 상징적 장면이다.

급부상하는 공유 경제

대표적인 SNS 플랫폼 페이스북을 통해 왜 이런 일이 가능한지 살펴보자. 예를 들어 내 페이스북 친구가 100명이라고 하고 그 페이스북 친구들도 나처럼 100명이 있다고 가정해보겠다. 어느 날 세상이 깜짝 놀랄 소식을 페이스 북에 공유했더니 친구 100명뿐만 아니라 나도 모르는 사람들 사이에 회자되고 다시 나한테 그 내용이 공유되는 일을 경험할 수 있을 것이다.

비결은 중간에 여러 단계의 매개자가 계속 생겨나는 연결의 힘이다. 연결의 측면에서 다단계 판매와 같은 성격이다. 내 친구 100명 중 한 명이 자신과 연결된 100명에게 전파를 할 수 있는데 이론상 한번에 10,000에게 전달될 수 있다. 중요한 것은 그 10,000명이 자신의 페북 친구 100명에 각각 공유한다고 한다면 단박에 1백만명에게 전달될 수 있다. '공유하기' 기능을 각자 한번씩만 클릭해도 이같이 무서운 속도로 전달되는 게 바로 SNS의 힘, 다시 말해 연결의 힘인 것이다.

물론 처음부터 힘을 갖지는 않는다. SNS 같은 공유경제는 사람이 모일수록, 연결이 늘어날수록, 그래서 습관처럼 사용하게 되면 그때 비로소 막강한 힘을 갖게 된다. 즉 우리 스스로 찾게 되고 매달리는 식으로, 소위 갑을 관계가 뒤바뀌는 것이다. 디지털 경제,

데이터 시대를 초연결 시대, 융·복합 시대라고 말하는 것은 연결만 잘해도 사업 기회가 열리는 세상이기 때문이다.

과거 오프라인 세상에서는 연결의 힘이 주목을 받았던 때는 전염병이 창궐할 때나 아닐까 싶다. 콜레라, 장티푸스, 수두에서 최근의 에이즈, 메르스까지 사람들은 무섭게 퍼지는 전염병을 보면서 병균을 옮기는 사람을 차단이 급선무라는 사실을 깨닫는데도 많은 시간과 희생이라는 대가를 치러야 했다. 불과 100년 전에야 주목한 보균자의 개념은 오늘날 디지털 세상에서 매개·중개자의 힘으로 재발견된 것이다.

지금도 많은 스타트 업체들이 우버Uber와 리프트Lyft, 에어비앤비Airbnb를 꿈꾸며 공유 경제의 영역을 넓혀가고 있다. SNS 플랫폼이라는 커뮤니케이션 중개자나 에어비앤비처럼 숙박 형태의 중개자 같은 매개 형태를 찾아내 세상을 연결할 기회를 모색 하고 있다.

공유경제는 이렇듯 미래의 부와 권력을 끌어 모으고 세상을 지배하는 기업으로 등극할 수 있다는 점에서 눈여겨봐야 할 경제 시스템이다.

39

네트워크 원리에
주목하라

비즈니스를 시작하는 사람들의 흔한 착각은 '이 제품 ^{서비스}은 최고라서 반드시 성공할 것'이라는 것이다. 완전히 새로운 세상을 살아가는 시대에는 초격차 기술 아니고서는 성공을 담보하지 못한다. 하루가 다르게 새로운 기술이 나오고, 새로운 서비스가 나오고 있는데 그 격차는 웬만하지 않으면 몇 개월 안돼 좁혀지고 있다.

디지털 경제에서는 그래서 네트워크의 작동 원리를 이해하는 게 무엇보다 중요하다. 케빈 켈리 ^{Kevin Kelly} 는 지금으로부터 21년 전인 1998년 [New Rules for the New Economy]를 통해 디지털 경제를 지배하는 네트워크의 중요성을 강조한 바 있다.

네트워크의 작동원리는 '수확 체증의 법칙' 사례 중 하나인 네트워크 효과^{Network Effect}를 지칭한다. 구독과 공유 비즈니스 기업의 공통점 중 하나는 짧은 시간 내 시장가치 1조원 이상의 유니콘 기업으로 성장한 사례가 많다는 것이다. 왜? 수확 체증의 법칙, 더 자세히는 네트워크 효과 덕분이다.

네트워크로 연결된 수 많은 것들이 여태껏 우리가 경험하지 못했던, 상상할 수 없었던 막대한 힘을 만들어내고 있다. 페이스 북은 모든 것의 연결 및 상호작용을 통해 그 위력을 보여줬다.

우선 수확체증의 법칙부터 이해하고 넘어가자.

농사를 지을 때나 물건을 생산할 때 어느 정도까지는 노동, 자본, 토지라는 생산 요소 투입량에 따라 수확량^{생산량}이 증가한다. 그러다가 어느 시점에 도달하면 생산 요소를 늘려도 수확량이 그만큼 늘어나지 않는다.

이런 현상을 '수확 체감의 법칙'이라고 한다. 통상 '수확 체감의 법칙'이 적용되는 산업은 농업이나 경공업·중공업 등의 제조업처럼 자원 의존도가 높은 경우다.

그런데 생산 요소 증가분보다 수확량이 더 늘어나는, 예외적인 현상이 발견된 것이다. 이게 바로 '수확 체증의 법칙'이다.

수확 체증의 법칙

산업경제가 지식경제, 디지털경제로 이동하면서 인터넷 · 통신 · 소프트웨어 · 생명공학처럼 기술 의존도가 높은 업종을 중심으로 수확 체증의 법칙이 적용되는 사례가 점차 늘고 있다. 그도 그럴 것이 기술 의존도가 높은 업종은 초기에 막대한 비용과 투자가 들어가지만 제품개발이 성공하거나 서비스가 각광을 받게되면 원가는 매우 빠른 속도로 하락한다. 추가적 생산에 들어가는 비용이 거의 없기 때문이다.

이렇게 해서 시장을 선점하면 가격 경쟁력이 워낙 뛰어나게 돼 후발 주자들은 격차를 좀처럼 좁힐 수 없게 된다. 승자 독식Winner takes it all의 구조는 이래서 생겨난다.

신약新藥의 경우만 봐도 그렇다. 십수 년, 수십 년간 한 우물을 파야 신약 개발에 성공할까 말까 한다. 성공한 경우 그 동안 쏟아부은 막대한 투자비는 한 방에 회수되고 지적재산권이 풀리는 수십 년간 독점적으로 시장을 장악할 수 있다.

제품이나 서비스 사용자가 늘어나면서 사용 가치가 훨씬 더 늘어나는 경우도 있는데 이른 바 '네트워크 효과'다. 수학 공식에 따르면 네트워크의 총 가치는 참여자의 제곱에 비례한다. 즉 네트워크 총 가치Value $=N \times N$ N=참여자수이다.

경제학 교과서에나 개념적으로만 머물러 있던 네트워크 효과를 실제 입증한 사람이 미국의 전기 공학자이며 쓰리콤3com 사의 창립자인 로버트 메트칼프Robert Metcalfe 다. 그는 1980년 "통신네트워크의 가치가 전화기, 팩스 등 그 네트워크에 부착된 통신기기 수의 제곱에 비례한다"는 메트칼프 법칙을 제시했다.

다시 말해 메트칼프 법칙의 이론적 토대가 바로 경제학 교과서의 네트워크 효과인 것이다. 메트칼프의 법칙에 따르면 참여자가 산술적으로 증가할 때 네트워크의 가치는 기하급수적으로 늘어난다. 네트워크의 총 가치는 참여자의 제곱에 비례한다는 것이다.

예컨대 네트워크 이용자가 100명에서 50명이 추가될 경우 네트워크 구축 비용은 산술급수적으로 100에서 150, 즉 50% 늘어난다. 하지만 그 가치는 100×100 $^{100의\ 제곱승}$ =10,000에서 150×150 $^{150의\ 제곱승}$ =22,500으로 기하급수적으로 125% 늘어난다는 뜻이다.

메트칼프의 법칙은 다수의 이용자가 인터넷을 통해 연결되는 것이 얼마나 유용한지를 입증함으로써 사람들에게 네트워크의 효과를 주목하게 했다.

네트워크에 참여하는 사람이 늘어나면 늘어날수록 그 가치는 폭발적으로 늘어난다고 했는데, 그 폭발적인 가치 창출로 인해 더 많은 사람들이 네트워크에 빨려 들어가게 된다. 생산요소 증가분보다 수확량이 더 늘어나는 경우인데 결국 네트워크를 확보한 사람은 더 많이 갖게 되고 독식할 수 있게 된다.

추락은 순간이다

SNS 분야에서 페이스북, 구글의 유튜브가 그랬고 카카오 톡이 그랬다. 아마존, 우버, 에어비앤비 등 플랫폼 서비스를 제공하는 기업의 빠른 성공은 네트워크 효과, 즉 수확체증의 법칙이 적용된 덕분이다.

주변 사람들이 너나 할 것 없이 해당 서비스를 이용하게 되는 순간이 그 대열에 동참하지 않을 수 없는 순간이다. 동참하지 않으면 오히려 내가 정보에서 소외되고 차단될 것이기 때문이다.

기업 입장에서는 강력한 네트워크를 구축하게 되면 그 이후부터는 적은 노력만으로도 매우 큰 이득을 얻을 수 있다.

왜 연결의 시대가 중요한지, 모든 사물과 사람을 연결하려고 하는지 네트워크 효과를 통해 이해했을 것이다. 이제 '권력은 네트워크로부터 나온다'는 점을 염두에 두기 바란다.

다만 주의할 게 있다. 네트워크 효과의 역작용이다.

네트워크 즉 연결이 많이 되면 될 수록 가치가 기하급수적으로 증가했듯, 연결이 줄어 들면 들수록 그 가치도 기하급수적으로 감소한다. 기회로 작용했던 게 거꾸로 위기로 작용하는 것이다. 아무리 탄탄대로를 걷는 기업이라도 소비자^{고객}의 신뢰를 잃게 되면 네트워크의 고리가 끊어지면서 기업은 금세 추락한다.

신뢰는 반복을 통해야만 얻어 질 수 있지만 신뢰를 잃는 것은 한 순간의 실수로 눈깜짝할 사이 일어난다.

디지털경제, 네트워크 시대에서는 기업이든 개인이든 신뢰를 탄탄히 쌓는 게 매우 중요하다. 성공을 하기 위한 지름길이면서 정상에 올랐을 때 급락을 예방하는 방지책이다.

40

팔지 마라
경험하게 하라

 디지털 시대, 기업의 경쟁력을 손꼽으라면 '최상의 고객 경험'을 우선 순위로 두는데 주저치 않겠다. 최근 많은 기업들은 '어떻게 하면 최고의 고객 경험을 제공할 수 있을까'를 고민하며 '고객 경험 설계' 전략을 짜는데 에너지를 쏟고 있다.

 고객 경험은 기업의 상품 · 서비스를 접하는 모든 과정에서 발생한다. 당연히 예전에도 기업은 매장을 특별하게 꾸미거나 구매의 편리성을 높여주거나, 때로는 은은한 향수까지 뿌려가면서 고객들에게 특별한 경험을 제공하는데 공을 들였다. 그런데 디지털 기술의 발전으로 고객 경험은 새로운 단계로 진화 중이다.

 디지털화의 근본은 방대한 데이터에 있다. 기업은 군이 고객 대상으로 물어보지 않아도 데이터 분석을 통해 고객의 취향을 파악하기 용이해졌다. 머신러닝 기술의 발전으로 AI를 활용할 경우 고객 자신 보다 고객의 취향을 더 잘 아는 실정이다.

최고의 고객 경험을 제공하는 기업들의 사례는 차고 넘쳐 난다.

고객 경험을 마케팅에 활용해 미국 최대 기업으로 성장한 아마존을 살펴보자. 아마존은 책방에서 출발했지만 이제는 '없는 게 없는' 쇼핑몰을 운영하며 빠르고 간편한 결제·배송 시스템을 통해 고객을 묶어놓고Lock-In 있다. 아마존 프라임 회원이 되면 책, 영화, 음악, 게임 등 엔터테인먼트 콘텐츠까지 무료 제공받고, 생각지도 못한 상품을 AI와 빅데이터를 통해 추천받게 된다. 프라임 회원들은 The Grand Tour같은 인기있는 프라임 오리지날 시리즈를 스트리밍 또는 다운로드 받을 수 있고, 언제 어디서나 스마트폰, 태블릿 PC, 스마트TV, 온라인 프라임 비디오 웹사이트를 통해 프로그램을 시청할 수 있다.

아마존은 또 버튼 하나만 누르면 제품이 주문되는 '대시 버튼'이나 말로 상품을 주문할 수 있는 음성인식 기반의 인공지능 '알렉사' 서비스 등을 통해 최상의 고객 경험을 제공하기도 한다.

20억명이 넘은 전 세계인들에게 서비스를 제공하는 기업 페이스북Facebook은 고객 각자 다르게 콘텐츠를 제공함으로써 고객 경험을 극대화하는 곳이다. 즉 첫 페이지는 모든 가입자에게 전부 다른 내용으로 제공되고 있다. 이는 페이스북에 가입한 고객들의 취향이나 선호 정보 등이 서로 다르고, 맺고 있는 인간관계 또한 각자 다르기 때문에 완전히 다른 뉴스피드를 서비스한다.

사무실 공유업체 위워크WeWork도 있다. 자기 소유의 건물 없이 사무실 임대 사업을 시작해 10년도 안되는 사이 기업 가치를 23조원대로 끌어올린 곳이다. 창업을 준비하거나 스타트업에 나선 사람들을 대상으로 사무 공간, 사무 환경만 제공했다면 이렇게 빠르게 성장하기 어려웠을 것이다. 같은 공간에서 서로 다른 일을 하지만 편하게 대화할 수 있게 커피 등 음료를 마실 수 있는 공간을 조성함으로써 스타트업 구성원들 간에 원활한 소통과 아이디어의 융합을 돕고 있다. 온라인 플랫폼을 통해서도 회원들은 서로 뜻이 맞는 사람을 찾고 비즈니스 아이템에 대한 다양한 의견을 청취하며 수정·보완해나가게 했다. 온·오프라인에서 서로가 서로에게 도움이 되는 소통과 융합을 뒷받침하는 환경은 위워크 고객들에게 지금까지 겪어보지 못한 최고의 고객 경험이다.

온·오프라인을 넘나들며 특별한 고객 경험을 제공하는 기업 중 대표적인 곳이 스타벅스다. 스타벅스의 경쟁력은 여러 가지가 있지만 그 중 대표적인 게 고객경험을 가장 우선시한다는 점이다.

'커피를 파는 게 아니라 문화를 판다'는 말처럼 스타벅스를 찾는 고객들은 환경을 중시한다거나 매장 직원을 가족처럼 생각 하는 스타벅스의 철학, 문화를 통해 다른 곳에서 경험하지 못하는 특별한 느낌, 자부심을 얻게 된다.

특히 10대 중고생 청소년들에게 커피숍을 공부하는 장소로 인식하게 한 곳이 바로 스타벅스다. 스마트폰, 노트북 등 모바일 기기를 늘 품고 다니는 이들에게 필요한 게 무엇인지를 파악해 전원 콘센트, 와이파이 등을 무료 제공했다.

고객 경험의 제공

디지털 시대를 맞아 또 하나 주목해야 하는 게 온·오프라인을 넘나 드는 끊김 없는 고객 경험의 제공이다. 대표적인 서비스가 사이렌 오더 앱^App. 친구들, 직장 동료들과 점심을 마치고 커피 한 잔 하며 얘기 꽃을 나누는 게 요즘 말로 소확행 소소하지만 확실한 행복이다.

스타벅스는 늘 붐비기 때문에 고객들은 기다림으로 인한 불만이나 불쾌한 경험을 갖게 될 수 밖에 없다. 스타벅스는 이런 고객 경험을 유쾌한 경험으로 뒤바꾸기 위해 모바일 앱을 통해 미리 커피를 주문할 수 있게 만들었다. 주문을 위해 오랜 시간 줄을 설 필요가 없도록 고객 경험을 설계한 것이다.

'팔지 마라. 경험하게 하라'는 스타벅스의 고객 경험 전략은 귀담아야 할 부분이다. 기업들이 이제 너도나도 최고의 고객 경험을 고민하고 벤치마킹하고 있는 요즘이다.

고객 경험의 가치를 외면했다가는 큰 낭패를 보기 십상이다. 고객들의 눈높이는 이미 최상의 고객 경험을 준거 기준으로 올라와 있다. 얼마 전까지 최상의 고객 경험이었지만 점점 일상 곳곳에서 접할 수 있는 흔한 경험이 될 수 있다.

다른 기업들이 보고 배울 수 있는 벤치마킹 대상이 될 것이기 때문이다. 최고의 고객 경험을 제공해도 얼마 지나지 않아 흔한 경험이 될 수 있는데, 혹시 고객 경험에 눈을 뜨지도 못한다면 그 기업의 운명은 어떻게 될까.

41

유일한 생존 방안 'DT'

'변해야 산다.' 만고의 진리다.

디지털 경제로 접어들면서 'DT' 다시 말해 디지털 변혁·혁신 Digital Transformation 이 기업의 화두로 떠올랐다. 디지털 전환변혁·혁신이 회자되는 이유는 단순하다.

'유일한 생존 방안'이라고 판단했기 때문이다. 실제로 '디지털에 기반한 비즈니스 모델 혁신'이 유일한 생존 방안이며 특히 전통기업의 경우 필수 요건이 됐다.

DT는 모바일, 클라우드, 빅데이터, AI, IoT 등 디지털 신기술로 촉발되는 경영환경상의 변화에 [디지털 기술을 활용, 선제적으로 대응함으로써 비즈니스 경쟁력을 '확' 높이거나 새로운 비즈니스를 통해 성장과 발전을 추구하는 기업활동]이라고 정의할 수 있겠다.

기업 관점에서 DT, 즉 디지털화는 급변하는 디지털 생태계에 적응하기 위해 디지털 기술을 활용, 고객에게 이전보다 더 좋은 경험과 서비스를 제공한다는 의미다. 매우 '고객 중심적'인 사고다. 기업이 디지털 혁신을 추구하는 근본적 이유이다.

절대강자의 몰락

디지털화에 뒤처져 하루 아침에 '폭망'한 대표적인 기업이 코닥 Kodak이다. 오죽하면 'Being kodaked 옛 것만 고집하다 망하다'라는 신조어까지 등장했을까.

코닥은 한 때 미국 내 시장 점유율이 85%카메라, 90%필름에 달할 정도로 아날로그 사진의 대명사였으나 2012년 1월 파산 신청과 함께 몰락하고 말았다.

코닥의 몰락에 대해 전문가들은 "시장의 변화를 무시하고 과거의 방식을 그대로 답습하는 타성에 젖었기 때문"이라고 지적한다. 카메라 시장이 디지털화로 변화하고 있는데 현재의 영광압도적인 아날로그 시장 1위을 놓치기 아까워 전략과 핵심 경쟁력을 수정하지 않다가 실기^{失機}했다는 것이다.

사실 코닥이 디지털 카메라 기술을 천문학적인 연구개발비를 투입해 누구보다 가장 먼저 개발했다는 것은 잘 알려진 얘기다. 다만 아날로그 카메라, 필름 1등 기업이었기에 스스로 그 아날로그 시장을 내려놓지 못하고 디지털 시장으로 옮겨가기를 주저주저하다가 어느 날 기회를 놓쳤다는 것을 알았을 때는 망한 상태였다.

휴대폰의 절대 강자 노키아의 몰락도 사정은 비슷하다. 핀란드의 대표 기업 노키아는 1865년 설립된, 150년이 넘는 역사를 자랑하는 기업이다. 노키아는 유럽이 1990년대 초반 2G 이동통신 표준으로 GSM을 채택하자 통신장비 및 휴대폰 제조에 선택과 집중을 하고 목재, 제지 등 다른 사업부문을 과감히 정리해나갔다. 그후 2006년까지 노키아는 '퍼스트 무버^{First Mover}'답게 전세계 시장을 선점^{40%}함으로써 다른 업종의 기업들까지 "노키아를 배우자"는 구호를 외칠 정도로 맹위를 떨쳤다.

하지만 2007년 아이폰 등장으로 노키아는 서서히 침몰하기 시작한다. 계속해서 적자가 나고 구조조정을 하던 노키아는 결국 MS에 휴대폰 사업부문을 넘긴 채 역사 속으로 사라지고 말았다.

노키아의 몰락 원인은 여럿 있겠지만 코닥처럼 1위 업체^{글로벌 휴대폰 제조 1위}라는 자리에 안주함으로써 변화의 흐름을 읽는데 소홀했던 탓이 크다. 애플의 스마트폰은 가히 혁명이라 불릴만 했다. 애플은 '무선 전화' 기능이 핵심 가치였던 휴대폰을 '컴퓨터의 가치'를 부여함으로써 '모바일 컴퓨팅'이라는 패러다임 전환을 이끌어내는데 성공했다.

구글은 휴대폰 패러다임의 일대 변환을 알아채고 운영체제로 안드로이드를 개발하는 한편 오픈 마켓 구글 플레이 을 구축했다. 삼성전자는 이런 구글과 동맹관계를 맺고 스마트폰 개발에 선택과 집중을 함으로써 애플의 대항마가 될 수 있었다.

이에 반해 노키아는 이런 흐름을 정확히 읽지 못한 채 뒤늦게 OS 개발, 오픈마켓 구축 등 플랫폼 비즈니스와 더불어 스마트폰 제조까지 모든 영역을 넘보며 우왕좌왕 하다가 실패로 마감했다.

지난 2016년 '다보스 포럼' 발 4차 산업혁명 화두와 인공지능 알파고 대 이세돌 9단의 바둑 대결은 전 세계 사람들에게 AI 뿐 아니라 DT를 눈뜨게 한 계기였다.

세계 최대 커피 전문점 스타벅스의 서비스 디지털화는 앞서 언급한 매장 내 최상의 고객경험과 SNS·모바일 분야의 디지털 기술을 접목한 고객 커뮤니케이션 차원에서 DT 성공 사례로 손꼽힌다.

커피 브랜드와는 전혀 무관할 것 같은 빅데이터·클라우드·모바일 관련 인재들을 끌어모아 서비스의 디지털화를 추진하는 등 IT · ICT 기술 접목에 공을 들였던 것이다. 매장을 방문하지 않아도 모바일로 미리 편리하게 주문, 결제할 수 있는 사이렌 오더나 모바일 결제를 앞장서 시행했다. 특이한 점은 사이렌 오더 서비스는 국내에서 먼저 도입돼 미국 본토로 역수출한, '리버스 이노베이션Reverse Innovation' 사례다.

DT에 성공한 또 다른 대표 기업은 GE General Electric 가 아닐까 싶다. 토마스 에디슨이 발명한 백열전구 사업을 기반으로 시작해 100년 이상 전 세계 가전 업체를 대표 · 상징했던 기업이 GE다. 1892년 설립돼 130년 가까운 역사를 지켜내기 위해 가전 중심에서 금융 중심으로, 업종의 축을 수 차례 변신했으며 최근 몇 년 전부터는 IT를 접목, 첨단 디지털 기업으로 재탄생 중이다.

대표적인 비즈니스 모델이 산업용 IoT 플랫폼 프레딕스Predix. GE는 디지털 환경으로 변해가는 상황을 인지하고 고객의 사업적인 어려움을 어떤 디지털 솔루션으로 해결할 수 있을까를 고민한 끝에 소프트웨어 플랫폼인 프레딕스를 출시했다. 센서가 부착된 각종 장비에서 데이터를 추출해 분석하고 현장에서 발생하는 각종 문제를 해결하는 소프트웨어다. 제조업에 필요한 스마트 팩토리의 핵심 인프라 역할을 한다.

항공기 엔진 사례가 대표적인데, 엔진 및 관련 장비에 IoT 센서를 부착해 얻은 엔진 상태 데이터나 운항 데이터 등 각종 데이터를 분석 처리함으로써 엔진 이상 징후나 고장 가능성을 사전에 예측해준다. 사전 엔진 정비로 엔진 성능을 끌어올리고 있으며 GE는 이런 서비스로 추가적인 매출을 올리고 있다. 물론 고객들은 이를 통해 경쟁력을 갖추게 됐다.

풍력 발전기를 프레딕스로 관리할 경우 날개에 부착한 센서가 바람의 세기와 방향을 감지해 각도를 수정함으로써 에너지 생산을 5% 더 증가시킬 수 있다고 한다.

GE는 항공은 물론 정유, 가스 등 에너지 분야, 교통 등 산업 인프라쪽을 핵심 사업군으로 두고 산업 인터넷 기반의 디지털 회사로 도약 중이다.

GE가 130년 가까이 초일류 기업으로 우뚝 서 있게 한 배경에는 GE만의 'CEO 역할론'이 자리하고 있다. 프레딕스 개발을 주도한 직전 CEO 제프 이멜다 회장은 "나는 GE 사업 포트폴리오 관리자다. 앞으로 패러다임 변화에 맞게 어떻게 신성장 동력 사업을 육성해야 하고 더 이상 성장을 담보할 수 없는 부분은 어떻게 축소, 매각할 지 총괄하는 사람이다"고 밝힌 바 있다. 이처럼 역대 GE CEO들은 경영환경 변화에 맞춰 주력 사업을 재편하고 조정

하는데 힘을 쏟았다. 앞으로 디지털화, 디지털 기업으로의 변신이
정답이라는 점을 시사하고 있다.

파괴적 혁신의 파장

우버나 리프트의 차량 공유 서비스 플랫폼, 에어비앤비의 숙박
공유 서비스 플랫폼도 대표적인 디지털화 사례다.

주목할 점은 DT는 ICT 기술을 기존 산업과의 접목, 즉 융합을
통해 생겨나는 변화이므로 때로는 기존 시장의 질서를 무너뜨리
는 결과를 동반한다. 전문 용어로 Distruption파괴 이다. DT의 이
같은 특성을 빗대 '파괴적 혁신'이 뒤따른다고 얘기한다.

엄청난 양의 데이터가 실시간 분석, 활용됨으로써 인간의 의사
결정을 대체하거나 개인의 일상이나 산업의 가치 사슬이 연결돼
효율이 극대화되는 빅데이터, AI, 사물인터넷IoT 기술이 주로 파
괴적 혁신을 일으킨다.

자동차 산업은 테슬러, 구글 같은 전기차, 자율주행차 업체들로
부터 위협을 느끼고 있으며 금융사, 보험사 등 금융 산업들도 빅
데이터, 핀테크 업체들에 의해 조만간 도태될 지 모른다는 위기
감을 느끼고 있다.

2019년 초 우리 사회의 빅 이슈를 살펴보자. 당시 카카오 모빌리티의 출퇴근 차량^{카풀} 공유 서비스 도입과 관련된 택시업계와 ICT 기업간의 갈등은 '파괴적 혁신'의 명암을 고스란히 보여줬다.

카풀 도입에 반대하던 택시 기사들 가운데 '분신'이라는 극단적인 선택을 할 정도로 갈등은 극에 달했다. 2명이 숨지고 1명이 큰 화상을 입은 후에야 타협이 이뤄지는 등 갈등을 해결하는 데 막대한 사회적 비용이 쏟아졌다.

벼랑 끝에 몰린 택시기사들이 분신을 선택할 만큼 DT로 인한 파괴적 혁신의 파장은 막대하다. 정보화 혁명처럼 전통 산업에 IT를 접목해 시스템경영 방식으로 전환할 때만해도 IT는 대다수의 환영을 받기에 충분했다. 생산성을 높이고 경영구조 혁신에 도움을 주는 조력자^{enabler} 역할이었기에 가능했다. IT와 전통산업이 서로 상생할 수 있었던 것이다.

하지만 이제 새로운 비즈니스는 ICT를 바탕으로 기존의 방식^{옛것}을 파괴해야만 '가치'를 얻는다. 새로운 비즈니스의 출현은 기존의 산업 입장에서는 생존이 달린, 위기다. 기존 전통산업 종사자들이 불안에 떠는 이유는 여기다. 특히 택시 기사처럼 ICT 기술과 정보의 흐름에 뒤쳐져 쉽게 DT에 따라갈 수 없는 집단·계층일 경우 더욱 그러하다.

공유경제 서비스 처럼 DT의 결과는 디지털 시대에 필요한 혁신이고 거스를 수 없는 '시대적 흐름'이다. 하지만 그 과정에서 파괴적 혁신의 결과 택시 기사와 같은 '가난한 기득권자'의 몰락을 막을 수 있는 방안은 사실 잘 보이지 않는다.

또한 DT가 산업 곳곳에서 일어나고 있기 때문에 택시 업계처럼 기존 업계와 충돌이 일어날 가능성은 매우 커 보인다.

예를 들자면 AI 기술의 발전으로 육체적 노동은 물론 지적 노동 분야까지 인간의 업무가 AI로 대체되고 있다. 자율주행차가 도로 주행의 대세가 되는 순간 운전으로 생계를 삼던 수 많은 사람들의 일자리는 사라질 위기에 놓일 것이다. 고객을 응대하는 콜 센터 또한 마찬가지다. 24시간 365일 잠도 잘 필요 없는 인공지능 시스템에 의해 운영되면 콜센터 종사자들은 AI와 일자리를 놓고 경쟁할 수가 없다.

실업자에 대한 사회적 안전망이 취약한 우리의 현실을 비춰볼 때 디지털 트랜스포메이션 즉 디지털화가 불러올 충격을 쉽게 이겨내기 어려운 실정이다. 정부 뿐 아니라 우리 사회가 미래 생존을 위해 DT의 파괴적 혁신을 고민해야 하는 동시에 디지털화에 따른 충격과 갈등을 어떤 기준으로 풀어야 할지 머리를 맞대야 할 시점이다.

일자리가
바뀐다

PART **5**

사람이 중심이다

"사람이 중심이다. 그 어떠한 기술적인 발전에서도."

정부와 노동자^{노조} 등이 주축이 된 독일의 4차 산업혁명 플랫폼 일자리 4.0 워킹그룹. '일자리 4.0 전략 보고서'를 통해 인간의 일자리에 대한 가치관을 이같이 밝혔다. 4차 산업혁명의 도래로 고용 시장이 급격하게 변화하는 상황을 맞아 '일자리^{직업}'에 대한 새로운 접근과 재정의가 필요하다며 머리를 맞댔다.

4차 산업혁명은 산업 구조상의 혁명적 변화다. 디지털경제, 데이터시대로 패러다임 전환이 시작된 것이다. 이렇게 되면 인공지능^{AI} · 사물인터넷^{IoT} · 빅데이터^{BigData} 등의 기술이 기계 · 사물과 결합돼 산업 현장을 중심으로 자동화 · 무인화가 가속화된다.

결국 단순 노동을 반복적으로 행하는 노동자들은 인공지능에 밀려 일자리를 잃게 될 것이다.

4차 산업혁명의 도래를 예고한 세계경제포럼^{WEF} 클라우스 슈밥 회장은 "고용시장의 급격한 변화에 대비하지 않으면 반드시 실업증가와 불평등, 소비 감소에 따른 불황을 경험하게 될 것"이라고 경고한 바 있다.

'생계를 꾸려나갈 수 있는 수단으로서의 직업'을 뜻하는 '일자리'는 인간 존재의 원천이었다. 하지만 인류가 지금까지 경험하지 못한 '완전히 새로운 세상'에 접어들면서 '인간의 자리'가 흔들리고 있는 것이다.

독일 등 여러 나라에서는 일자리에 대한 새로운 접근이 필요하다는 문제 의식 제기와 함께 미래 일자리 찾기에 대한 고민을 시작했다. '4차 산업혁명'이란 말은 2011년 독일에서 등장해 'Industry 4.0' 용어로 처음 사용됐다. 독일이 4차 산업혁명을 주목하게 된 단초는 제조업 공장 설비에 사물인터넷이 접목되면서부터다. 같은 맥락에서 독일에서는 4차 산업혁명 시대의 '미래 일자리와 고용환경'을 뜻하는 'Arbeiten 4.0', 즉 '일자리 4.0'이라는 개념을 갖고 미래 일자리를 설계하고 있다.

43

빠르게 진화하는
미래 일자리

'일자리 4.0'의 핵심은 어떤 일자리가 만들어질 것인가에 있다. 인류 역사상 기술 혁신은 일자리의 형태만을 바꿔 왔을 뿐 늘 새로운 일자리를 만들어 기존의 일자리를 대체해왔다. 일자리의 원천은 수요^{인간의 욕망}와 공급^{기술}의 균형에 있다. 인간에게 아직 충족되지 않은 ^{소비}욕구가 남아 있는 한 새로운 일자리는 만들어지게 돼있다.

그렇다면 디지털경제, 데이터 시대의 일자리는 어떤 식으로 구성될까? 흔히 예상하는 인공지능 전문가, 빅데이터 분석가 등의 ICT 기술 분야 일자리는 10% 미만이 될 전망이다. 이들 한 명이 등장할 때마다 기존 일자리 10개가 사라져야 하기 때문이다. 다시 말해 생산성을 증가시키는 일자리는 일자리를 만드는 게 아니라 오히려 없애는 역할을 한다.

우리 사회가 관심을 기울여야 하는 것은 생산성을 증가시키는 일자리가 생김으로써 발생할 잉여 인력과 잉여 시간이다. 즉 남아 도는 인력, 남아도는 시간과 관련한 새로운 일자리를 만들어내야 하는 문제다. 새 일자리는 디지털경제, 기술을 바탕으로 개인 맞춤형 서비스를 제공하는 산업 분야에서 가장 먼저 생겨날 것으로 보인다. 우버 택시 운전자들이나 에어비앤비의 숙박업소 운영자 같은 사람들이 대표적이다.

역사상 새로운 일자리의 대부분은 기존 산업이 아닌, 새롭게 떠오른 산업에서 만들어졌다. 그래서 4차 산업혁명 시대, 즉 디지털경제에서 일자리는 사라지지 않을 것으로 예측된다. 다만 일자리는 빠르게 진화할 것이다.

그렇다면 디지털경제, 데이터 시대를 맞아 우리는 일자리에 대해 어떻게 대처해야 할까.

일·직업에 대한 인식과 관념을 근본적으로 바꿔야 한다는 목소리가 높다. 4가지 관점에서 생각해볼 수 있겠다.

첫 번째, 자신의 일에서 '인간다운 가치'를 되찾아야 한다. 인공지능이 흉내 낼 수 없도록 말이다. 우리가 만드는 상품과 서비스가 과연 무엇을 위한 것이었는지, 우리 인류가 좀 더 나은 미래를 향한 날갯짓이라고 할 수 있을지를 살펴봐야 한다.

두 번째, 기술 변화로 떠오르는 산업이 어디인지를 늘 관심을 기울여야 한다. 페이스북 최고운영책임자^{COO} 셰릴 샌드버거^{Sheryl Sandberg}는 "로켓에 올라탈 자리가 주어진다면 어떤 좌석인지 물어보지 마라. 그냥 타라"고 말했다. 새롭게 떠오르는 산업과 신기술의 흐름을 읽어낼 줄 알아야 로켓에 올라탈 수 있을 것이다.

세 번째, 평생 직장이 아닌, 평생 직업을 찾아야 한다. 1997년 IMF 위기가 오기 전까지만 해도 일자리의 안정성은 매우 높았다. 기업에 취직하기만 하면 기업과 운명을 같이 하면서 평생 일할 수 있었다.

단언컨대 이제 그런 시대는 오지 않는다. 자고 나면 새로운 산업과 신기술이 생겨날 정도로 변화가 빠른 세상이기 때문이다. 지금의 회사를 벗어나서도 다른 곳에서 일할 수 있는 능력을 길러야 한다. 평생 가져갈 수 있는 자기만의 업^業으로서 직업을 찾아야 한다는 의미다.

네 번째, 자기 일에 대해 성찰의 시간을 갖는 것이다. 이제 노동^일은 더 이상 화폐와의 교환을 위한 경제적 수단으로 그쳐서는 안 된다. 내가 좋아하는 것, 내가 잘 할 수 있는 것을 객관적으로 성찰해보는 게 중요해졌다.

노동^일은 내가 사람과 만나고, 사람과 연결해주는 나의 '분신^{分身}'이자 '소통 채널'로 자리매김될 것이기 때문이다. 모든 것이 급변하는 세상 속에서도 변치 않을 나의 흥미, 나의 일을 찾아야 한다는 말이다.

44

'인간의 일자리'는
AI에 대체 될까?

말 한 마디로 별개 다 되는 세상이다. 이러다 우리 인간이 할 일을 인공지능과 로봇이 다 하는 게 아닐까. 실제로 2030년에는 로봇과 인공지능의 인간 직업 능력 대체가 본격적으로 이뤄진다고 한다. 미국 포레스터 연구소 Forrester Research 는 2025년쯤 자동화와 로봇으로 인해 미국에서만 16% 즉 2,270만개의 일자리가 사라질 것이라는 보고서를 내놓은 바 있다.

지난 2016년 이세돌 9단과 바둑 대결을 펼친 알파고의 등장은 특정 분야에서 인공지능이 인간을 넘어섰다는 사실을 입증했다. 사람들이 경악한 것은 게임이 '바둑'이라는 점에서다. 가로·세로 각 19줄, 361개 교차점에 흑돌·백돌을 차례대로 두는 바둑은 인간이 고안한 게임 중 가장 복잡한 게임이다. 한 수 한 수마다 경우의 수가 너무 많아 '우주의 수'로 불릴 정도다. 첫 돌이 19×19, 즉 361개 교차점 중 한 곳에 둘 수 있으니 361개 경우의 수가 있고, 다음은 그 1자리를 뺀 360개 경우의 수를 둘 수 있다. 고교 수학시간에 배운, 이른 바 팩토리얼Factorial 산식이다. 그런 $361!^{361 \times 360 \times 359 \times \cdots 중략 \cdots 2 \times 1}$ 경우의 수 가운데 인공지능이 매번 자신이 이길 확률이 가장 높은 경우의 수를 골라낸 것이다. 그것도 '신의 경지'에 오른 이창호 9단을 말이다. 지금 다시 생각해도 소름이 돋는다.

사람들은 아직도 인공 지능이 두렵다. 인공지능이 조만간 인간의 영역에 침투해 사람의 자리를 대체할 것이라는 생각이 여전하다. 더구나 단순, 반복적인 육체노동 외에 인간의 고도화된 영역으로 여겼던 법률·의료·투자 서비스 등 지적 노동전문직 일자리까지 대체될 것이라고 하니 이건 인간 존재의 원천을 위협하는 것이다.

대체 어려운 직업은

한국고용정보원이 지난 2017년 인공지능이 대체하기 쉬운 인간의 능력이 무엇인지 조사를 했다. 2025년쯤 인간의 업무 능력

절반 이상이, 2045년쯤에는 대부분의 인간 업무능력이 인공지능에 의해 대체될 것이라는 조사결과를 내놨다. 2025년을 기준으로 인공지능이 기술적으로 가장 대체하기 쉬운 인간의 업무 능력은 '신체능력[4.60점]', 그 다음으로 '업무기초능력[4.40점]'이었다. 반면 대체가 가장 어려운 능력은 '기술능력[3.97점]'이었다.

인공지능, 로봇으로 대체하기 쉬운 직업과 어려운 직업은 어떨까. 전문가들의 평가로 대체 비율을 구한 결과 2030년이 되면 청소원과 주방 보조원 등 비교적 직업 능력 수준이 낮은 단순직이 대체 비율이 높게 나타났다.

반면 회계사나 항공기조종사 등 전문직은 업무수행 능력 대체 비율이 상대적으로 낮게 나타났다. 전문직은 종합적인 문제 해결 능력과 상황에 따른 판단력이 요구되는데 법·제도의 해석, 비상 시 승객의 안전에 관련된 중요 의사결정이 필요하기 때문이란다. 미리 정의된 규칙만을 따르는 인공지능으로 대체하기 어려운 까닭이다.

글로벌 컨설팅사 매킨지의 2017년 보고서 '사라진 일자리, 새로운 일자리: 자동화 시대의 노동력 이동'에 따르면 지구상의 직업 중 60%, 적어도 30%가 2030년까지 자동화될 것이다. 가장 먼저 사라질 가능성이 높은 직업 1순위에는 패스트푸드 매장 직원과 기계 조작자가 꼽혔다. 반면 정원사, 배관공, 어린이 돌보는 직종은 대체될 가능성이 가장 낮은 직업이라고 분류했다.

2030년까지 자동화 추세에도 불구 일자리가 가장 많이 증가될 것으로 예상되는 직업 범주는 다음과 같다. △의료서비스 종사자 △엔지니어, 회계사, 데이터 분석가 직종 △IT전문가 및 기타 기술 전문가 △교육자 △예술가, 연예인 및 엔터테이너 △건축업자 및 관련 전문직 △재택건강 보조원 및 정원사 등의 수작업 및 서비스 일자리.

'2040 UN 미래보고서'에 따르면 새로 생겨날 직종은 54가지다. 우선 인공지능이 보편화되면서 인공지능 전문가라는 직종이 생겨난다. 또 자율주행차가 보편화되면 무인 자동차를 고치는 새로운 엔지니어가 필요하다. 로봇 기술자, 복제전문가, 생체 로봇외과 의사. 양자컴퓨터 전문가 등도 새롭게 생겨날 직종이다.

미래학자 토머스 프레이Thomas Frey 박사는 "10년 후 일자리의 60% 이상이 아직 탄생하지 않은 상태"라고 진단했다. 다시 말해 새로운 과학 기술의 탄생으로 생겨날 직업들은 아직 우리 앞에 태동도 하지 않은 상태라는 뜻이다.

인공지능이 지적 노동 영역의 전문직까지 대체할 수 있을지를 두고 이처럼 의견이 분분하다.

45

결국 결정은
인간의 몫

인공지능을 공포의 대상이 아닌, 오히려 도구로 활용하는 게 현명한 자세라는 목소리가 설득력 있게 들린다. 인공지능은 데이터, 지식의 영역에서는 인간을 대체할 수 있지만 결국 최종 의사 결정은 인간의 몫이기 때문이다. 아무리 인공지능이 고도화된다고 해도 법률 분야 인공지능에게 재판을 맡겨 유·무죄를 따지고 형량을 결정하게 할 수는 없지 않겠는가. 법관은 재판을 할 때 사실 뿐 아니라 진실을 밝혀야 한다. 또 사건에 적용되는 법을 기계적 해석이 아니라 법제정의 취지, 의미까지 폭 넓게 해석하는 과정을 거쳐야 하기 때문이다. 기계적으로만 계산하는 인공 지능에게 복잡한 인간의 삶 영역을 맡겨둘 수 없는 이유다.

다행스러운 점은 인간에게 쉬운 것은 컴퓨터에게 어렵고, 반대로 인간에게 어려운 것은 컴퓨터에 쉽다는 사실이다. '모라벡의 역설Moravec's paradox' 얘기다. 미국 카네기 멜런대의 로봇 공학자인 한스 모라벡Hans Moravec에 따르면 인간은 걷기 · 느끼기 · 듣기 · 보기 등 일상 행위는 로봇보다 쉽게 한다. 어렵고 복잡한 수식 계산은 인간에게 어렵지만 로봇에게는 쉽다. 또 로봇은 자동차를 스스로 운전할 수는 있지만 계단을 걸어 올라가서 배달된 물건을 들고 다시 내려오는 것은 매우 힘들다.

인공지능, 로봇은 '데이터 정보'의 영역에서는 인간의 능력을 뛰어넘지만 데이터 세상을 벗어나서는 인간에 비해 효용이 떨어진다. 따라서 인간은 반복되는 규칙을 찾아 효율적으로 처리하는 분야는 인공지능 · 로봇에 맡기고 창의적 · 혁신적인 일은 인간에게 맡기면 된다.

이런 생각을 뒷받침하는 자료가 있다. 맥킨지가 2015년 미국 내 800개 직업을 대상으로 업무 자동화 가능성을 분석한 보고서다. 800개 직업 중 5%만이 자동화 기술로 대체되고 창의력을 요구하는 업무4%, 감정인지를 필요로 하는 업무29%는 인공지능으로 대체되기 어렵다고 전망했다. 4차 산업혁명이 온다고 해서 모든 업무가 인공지능으로 대체되지 않는다는 말이다.

향후 인공지능, 로봇에 의해 변화될 일자리 예측도 중요하지만, 변화의 흐름처럼 인정할 것은 인정하되 어떻게 대처할지에 관심을 기울이는 태도가 더 중요하다고 하겠다.

실제로 미래 일자리에 미치는 영향은 인공지능 한 가지 요소에 좌우되지 않는다. 인구학적 요인이나 각국의 경제 성장세 같은 것들도 일자리에 영향을 미치는 주요 요소다. 젊은 노동력을 포함해 인구가 많은 인도 같은 국가와 저출산·고령화로 노년층 인구 비중이 커져가는 우리나라, 일본 같은 국가가 일자리 해법이나 일자리의 변화 양상이 서로 같을 수 없다.

같은 맥락에서 국가 경제가 성장세를 타면서 소비가 증가하는 국가와 정체되고 느리게 성장하는 국가에서는 일자리 창출이 서로 다르다. 일자리 창출에는 무엇보다 경제성장이 기본이다.

일자리 창출을 위한 기업과 개인의 자세

기술 혁신을 통해 생산성을 높이고 경제가 성장하는 국가에서는 새로운 노동 수요를 기대할 수 있을 것이다. 4차 산업혁명을 선도 중인 독일은 정치, 경제, 교육정책 등을 통한 '디지털화 가속 시나리오 Accelerated digitalization scenario'가 실현되면 생산력이 급상

승하고 실업률은 대폭 떨어질 것으로 전망했다. 종이 · 인쇄업, 공공행정, 소매업 등 27개 분야에서 75만개의 일자리가 사라지겠지만 대신에 IT서비스, R&D ^{연구 · 개발} 등 13개 분야에서 100만개 일자리가 증가함으로써 결과적으로 25만개의 일자리가 순증할 것으로 판단했다.

기업 역시 새 일자리 창출을 위해 스마트 팩토리에 기반한 리쇼어링과 직무에 따른 인력의 과부족을 점검 · 예측해 사전에 준비할 수 있는 시스템 구축이 필요하다.

아디다스는 2016년 독일 안스바흐에 '스피드 팩토리'^{스마트 공장}를 건설했다. 인건비 절감을 위해 동남아, 중국으로 이전했던 공장을 본국으로 되돌려 자국 근로자의 고용 증대를 모색했다. 1993년 독일 내 아디다스 마지막 공장의 문을 닫은 지 23년 만에 대표적인 노동집약 산업을 유턴시킨 것이다. 리쇼어링^{Reshoring}은 인건비 절감이나 판매시장을 찾아 해외로 생산기지를 옮기는 오프쇼어링^{Offshoring}의 반대 개념으로, 이런 이유로 해외로 나간 자국 기업이 다시 국내에 들어오는 현상을 뜻한다.

IBM의 경우 학력과 상관 없이 디지털 혁명 시대에 적응해가는 인재^{뉴칼라}를 직접 길러내기 위해 학교까지 설립했다. 뉴칼라는 전 산업군에서 필요로 하는 인공지능, 클라우드 컴퓨팅 전문가

들로, 블루칼라나 화이트 칼라도 아닌 새로운 계층을 의미한다. IBM은 인공지능과 빅데이터가 모든 것을 지배하는 세상에서는 생산직과 전문 사무직의 역할이 갈수록 미미해지고 학력·학위의 중요성이 감소한다고 판단했다.

개인의 경우 디지털세상의 일자리를 얻기 위해서는 새로운 기술을 배워서 새로운 직업을 찾아야 할 것이다.

미래창조과학부 미래준비위원회 2017년 자료에 따르면 미래의 일자리 흐름은 크게 세 가지다.

로봇엔지니어·노년 플래너·가상현실 레크레이션 디자이너·기후변화 전문가 등 수요 증가에 따른 '직업의 세분화 및 전문화'가 그 첫 번째다.

두 번째는 요리사 농부·홀로그램 전시 기획가·사용자경험 디자이너 등 서로 다른 지식·직무 간 융합으로 전문 분야 창출하는 융합형 직업의 증가다.

마지막으로 과학기술 기반의 새로운 직업 탄생이다. 인공장기 제조 전문가·아바타 개발자·우주여행 가이드·스마트교통 시스템 설계자·공유자산 가치 전문가·첨단과학기술 윤리학자 등 과학기술에 기반해 새로운 수요 창출로 생겨날 직업이다.

호모 파덴스

이미 눈 앞에 다가온 디지털 세상에서는 과연 일의 개념은 무엇일까. 이제 좋던 싫던 인간은 인공지능과 함께 살아야 한다. 인공지능이 인간의 육체적 노동에 이어 정신적^{지적} 노동의 상당한 부분을 대체하는 작금의 현실을 감안할 때 인간의 일자리는 이제 새롭게 정의돼야 할 것이다.

반복되는 육체적, 정신적 노동이 인공지능과 로봇으로 대체되면 인간의 노동 시간은 단축되고 놀이 시간은 증가할 것이다. 우리 인간들은 소위 '저녁이 있는 삶'이 가능해지고 더 창조적이고 감성적인 일, 다시 말해 놀이 시간을 소비할 수 있게 된다.

창조경제연구회^{KCERN} 고(故) 이민화 이사장은 4차 산업혁명 시대의 새로운 인간상을 제시한다. '의미있는 목표에 재미있게 도전하는 인간' 즉 '호모 파덴스'다. 호모 파덴스는 무엇인가를 창조하고 만들어내는 도구의 인간^{호모 파베르}과 놀이하는 인간^{호모 루덴스}를 합성한 신조어다. 한 마디로 의미와 재미를 동시에 잡아야 한다는 뜻이다.

놀이가 현재 나의 재미를 추구하는 것이라면 일은 미래 모두의 의미를 추구하는 것이다. 의미 없이 재미만 탐닉하면 사회와 유리될 것이다. 또 재미 없이 의미만 추구하면 개인은 탈진한다. 4차 산업혁명 시대에서 '일'을 '재미와 의미가 융합된 '업^{Mission}'이라고 재정의한 이유는 이 때문일 것이다.

일의 개념이 변한다

인간의 역할은 의미를 추구하는 호모 파베르와 재미를 추구하는 호모 루덴스의 영역에서 세분화될 것이다. 재미도 있고 의미도 있는 일은 사회에 가치 있는 성과를 제공한다.

더불어 개인에게는 자아성취를 제공할 것이다. 앞으로 일을 인간과 인공지능이 나누어 공존하는 미래 사회에서는 지금보다 더 적은 시간을 들여 더 많은 상품과 서비스를 제공하는 역량을 갖춤으로써 업무 시간을 줄어들고 놀이 시간이 늘어날 것이다.

기업들도 '재미와 의미가 융합된 업^{Mission}'에 주목하고 있다. 이는 프로젝트 기업, 프리 에이전트 그리고 휴먼 클라우드 같은 미래 인재 채용 시스템으로 실현되고 있다.

변화하는 세상에 맞춰 우리도 다방면으로 상황을 살펴보는 지혜가 필요하다. 디지털경제 시대, 인공지능이 우리의 일자리에 미칠 영향도 마찬가지 아닐까. 보다 중요한 것은 앞으로 변할 기업과 직장 문화에 대비하는 우리의 자세다.

사무실이 바뀐다

　새로운 기술은 새로운 산업을 일으키고, 새로운 산업은 새로운 변화를 사회에 몰고 온다. 4차 산업혁명의 기술적 특징은 결국 일과 직장의 변화를 가져올 것이다.

　무엇이든 연결되는 디지털 세상에서는 예전처럼 한 공간에 모여 일할 필요가 없어진다. 당연히 과거에 비해 사무실 공간이 줄어들고 있다.

　온라인 쇼핑몰 아마존이나 숙박공유 업체 에어비앤비, 차량공유 업체 우버에서 일하는 직원 중 상당수는 집에서 컴퓨터를 켜고 온라인에서 일하고 임금을 받는 재택근무자로 알려져 있다.

　온라인 공간에서 일하는 노동자를 '플랫폼 노동자', '클라우드 워커Cloud Worker'라 부른다. 이렇듯 가상공간에서 일하는 게 점차 익숙해지면서 더 이상 사무실이 꼭 필요하지 않은 세상으로 가고 있다.

프로젝트 기업의 등장

온라인 업무가 보편화되는 4차 산업혁명시대에서는 굳이 사무실에서 일을 고집할 필요가 없게 된다. 와이파이가 잘되는 카페에서 업무를 확인하고 리포트 작성해 공유하면 된다.

이제 새로운 것을 만들 아이디어가 곧 경쟁력이다. 이런 상상이 가능한 것은 앞으로 기업은 프로젝트 중심으로 운영될 것이기 때문이다. 이미 일부 글로벌IT 기업들은 프로젝트 기반의 기업을 표방하고 있으며 사내 업무 조직을 프로젝트형 조직으로 모색 중이다.

프로젝트 기업은 기획에 맞춰 모임과 해체가 자유로운 기업 형태를 말한다. 네트워크를 통한 인력의 공급과 고용이 가능해지고, 업무시간과 장소 제약이 없어진다.

인터넷과 모바일의 발달로 해당 업무에 적절한 노동자를 찾고 고용하는데 따르는 비용이 0에 가깝게 된다는 뜻이다. 이런 거래 비용의 감소는 불행하게도 기업이 노동자를 상시 고용해야 할 필요성을 현격히 줄이게 된다. 클라우드소싱 서비스로 불리는 아마존의 메카니컬터크^{Mechanical Turk}는 일감을 가진 수요자와 업무 능력이 있는 공급자를 연결해주는 대표적인 웹 기반 서비스다.

종신고용 시대의 종언 · 프리에이전트 시대의 개막

디지털 기술 발달로 언제 어디서나 똑같이 모바일 컴퓨팅 환경을 이용할 수 있다는 점 때문에 원하는 시간과 장소에서 업무를 수행하는 플랫폼 기업의 등장을 촉진한다. 근무형태가 더욱 유연해지고 재택 등 원격 근무 제도가 더욱 활성화될 전망이다. 직장인들은 근로의 경험을 기업 내 근속연수를 통해 축적되기 보다는 노동시장 전체에서 축적한 프로젝트를 거치면서 형성될 것이다.

또한 기업에 속하지 않은 개인이 프로젝트를 수행하는 1인 기업이나 프리랜서도 증가할 전망이다. 박가열 한국고용정보원 박사는 "정규직과 비정규직이라는 구분을 넘어서 직무에 바탕을 둔 유연한 고용형태가 대세를 이룰 것"이라고 예측했다. 그는 "4차산업 혁명 시대에는 '문제해결 능력' '프로젝트 수행 능력'이 개인을 평가하는 가장 중요한 기준이 될 것"이라고 강조한다.

비즈니스계의 그루Guru 로 불리는 톰 피터스Tom Peters 도 "오늘날 노동에는 두 가지 변수가 작용한다. 재능과 프로젝트다"라고 언급한다.

이런 상황에서 주목 받는 것은 원하는 시간과 장소에서, 원하는 조건으로, 원하는 사람들을 위해 일하는 노동자, 즉 프리에이전트Free Agent 다. 20세기가 샐러리맨으로 대표되던 '조직 인간'이 사회경제의 주체였다면 앞으로는 자유롭게 자기 삶을 컨트롤하며 일하고 여가를 즐기는 '프리 에이전트'가 그 주체다.

왜 그럴까. 우선, 종신고용 시대는 끝났다. 지금은 평생 직업의 역량을 갖추지 못하면 위기의 시대를 헤쳐나가기 어려운 시대다. 또한 프로젝트 중심으로 각 분야 전문가들이 모여 성과를 도출하고 흩어지는 프로젝트 기반의 기업이 보편화될 것이다. 또 인간의 창의성이 더욱 중요해지고 있다.

온 디맨드 경제가 일자리 문화를 바꾼다

인공지능과 공존하며 일을 해야 하는 게 미래의 노동 환경이다. 그러려면 인간은 기계를 능가할 수 있는 창의성을 발휘해야 한다. 창의적이고 유연한 발상은 과거처럼 조직의 논리에 순치된 '조직

지향형 인간'보다는 자발적으로 자기가 원하는 조건에서 일하는 '프리 에이전트'에게서나 가능하다.

공유경제 전문가 아룬 순다라잔Arun Sundarajan 뉴욕대 석좌교수는 언론 인터뷰에서 "역사적으로 보면 대기업 정규직 일자리는 20세기 하반기에 나타난 아주 짧은 현상에 불과했다. 공유경제 확대로 점점 더 많은 사람들이 플랫폼을 통해 상품과 서비스를 공급하는 동시에 소비하게 되면서 큰 조직을 통해 이뤄지던 생산 모델 자체가 고르게 분산되는 방식으로 변한다. 그 결과 자영업자 또는 소규모 비즈니스를 운영하는 사람들의 숫자가 늘어날 것"이라고 밝혔다. 그는 "향후 20년 후 미국 전체 노동인구의 절반은 어떤 형태로든 자영업자일 것이고 나머지 절반은 피고용인이 될 것"이라고 예측했다.

전문가들은 인간의 일자리 변화와 관련, 극도로 유연하고 본질적으로 일시적인, 새로운 일자리 등장을 예측하고 있다. 온 디맨드On Demand 경제가 취업, 채용시장, 채용문화를 뒤바꿔놓을 것이란 분석이다. 앞서 언급한 프로젝트 기업의 등장, 프리 에이전트의 활약과 같은 맥락이다.

미래 채용 방식으로 거론되는 휴먼 클라우드를 살펴보자. 휴먼 클라우드는 클라우드 컴퓨팅의 원리를 일자리 영역에 접목한 것이다. 수요에 따라 활용할 수 있는 가상의 근로자를 확보한 뒤 구매자 니즈에 맞춰 서비스를 제공한다. 구매자가 인터넷을 통해 특정 업무나 프로젝트를 수행할 개인이나 공급자를 찾을 수 있게 해준다. 당초 프리랜서를 위한 온라인 시장이었으나 점차 업무가 유형별로 세분화, 체계화되면서 새로운 채용 방식으로 주목받고 있다. 마치 차량이나 숙박시설을 공급하고 사용할 양측을 중간에서 찾아 연결해주는 플랫폼처럼 말이다. IT · 디자인 · 동영상 제작 · 마케팅 등 전문 분야 도움을 필요로 하는 기업과 해당 전문가들을 연결해주는 '노동시장 플랫폼'의 개념이다.

48

미래 인재를 위한 교육

　미래의 직업이 달라진다면 우리 아이들의 미래를 대비하는 교육도 달라져야 한다. 미래의 교육 방향성은 결국 어떤 인재를 키워나갈 것인가 하는 문제와 연결된다. 전문가들이 제시하는 미래 인재상은 크게 세 가지다.

　첫째 '유연하고 창의적인 사고 능력', 둘째 '생각하는 힘과 문제해결 능력', 셋째 '협력적 소통 역량'을 가진 사람이다. 결국 '창의성' '문제해결 능력' '소통능력' 세가지 역량으로 요약된다. 이런 인재를 길러내는 방향으로 교육의 내용과 시스템이 바뀌어야 한다.

　현재의 스펙형 인간은 미래 인공지능과의 경쟁에서 도태될 것이라는 얘기가 많이 흘러나온다. 정답을 외우는 기존 교육도 종말이 가까워지고 있다. 세상이 바뀌었는데, 인터넷에서 손쉽게 검색할 수 있는 정답을 예전처럼 죽어라 외는 교육은 진정한 교육이 아니다.

그래서 전문가들은 도로와 건물 이름을 외우고 찾아가는 방식에서 벗어나 내비게이터 활용법 학습으로 진화해야 한다고 주장한다. 단순한 지식의 습득이 아니라 학습능력을 키우는 교육이 필요하다는 의미다.

이와 함께 미래 교육이 핵심은 '학생 맞춤형 교육'에 있다는 의견도 상당하다. 학생이 자신의 적성과 수준에 맞는 수업을 택할 수 있도록 선택지를 줘야 한다는 것이다.

예컨대 핀란드의 경우 고교 과정에서는 학년 구분 없이 1년 과정이 5·6학기로 구분돼 있다. 우리나라의 대학생들처럼 고교생들이 시간표를 직접 짜서 듣고 싶은 강의를 선택한다. 국내 일부 자율형 사립고 중에는 학생들이 여러 과목 가운데 본인이 듣고 싶은 과목을 선택하도록 하고 또 수학·영어 과목이라도 일반 고교 수준과 대학생 수준의 심화 수업 중 본인 수준에 맞게 선택하도록 하는 경우도 있다. 우리 나라도 미래 교육이 시작된 셈이다.

프로젝트 중심 교육

지금까지 교육은 대개가 한 명의 교사가 다수의 학생에게 같은 수준으로 가르치는 방식이었다. 학생들의 이해력, 습득력, 관심이 각기 다르더라도 '공평한 교육'을 위해 이렇게 학습했다. 투입 Input이 공평하다고 결과도 공평할까? 맞춤형 교육의 필요성이 더욱 커지는 이유다.

그렇다면 창조적인 발상과 집단지능을 활용한 협력적 문제발굴, 문제해결 능력을 갖춘 인재를 어떻게 교육시켜야 할 것인가? 스펙형 인간이 아닌, 집단 창조성을 이끌 인재 육성 교육은 바로 '프로젝트 중심' 교육이다.

프로젝트 중심 교육은 문제를 해결해 나가는 과정을 통해 학습이 이뤄지도록 하는 교육이다. 학생들은 문제 인식과 문제 파악 후 해결안 도출 및 평가 과정을 거쳐 문제를 해결해 나간다.

몇 명의 소그룹이 팀을 이뤄 주체적으로 역할 분담을 한 뒤 자료수집, 분석 등을 거쳐 해결책을 발견한다. 이 과정에서 자기주도적 학습과 협력 학습이 이뤄진다.

학생들은 교사로부터 일방적으로 가르침을 받는 게 아니다. 스스로 경험을 통해 배움을 만들어간다. 지식을 그저 외우기만 하는 게 아니라 스스로 탐구해 지식과 기술을 배워나간다.

그 과정에서 심층적인 사고 능력, 비판적 사고력 등 다양한 능력을 갖추게 된다.

미래학자 제레미 리프킨Jeremy Rifkin은 언론 인터뷰를 통해 "우리의 교육제도는 여전히 1차 산업혁명에 기반을 둔 19세기 방식"이라며 " 이제는 수업이 달라져야 한다"고 강조했다. 달라져야 할 현재의 교육의 대안 가운데 하나가 프로젝트 중심 교육이라고 하겠다.

49

일자리 안전망,
어떻게 구축해야 할까?

AI 등 새로운 디지털 기술이 노동 시장에 미치는 영향은 고용의 유연화를 가속화한다는 점이다. 기업은 기술이나 비즈니스 모델 등 급변하는 외부 환경에 대비하기 위해 파견근무, 아웃소싱, 기간제고용 등을 더욱 활성화한다. 특히 은퇴 연령에 가까워진 중년층은 강한 압박을 받게 되는데 50대에 직장에서 나온 은퇴자들은 소위 '치킨집' 자영업자로 몰려 서로 몰락의 길을 재촉하고 있다.

일자리 안전망을 갖추지 못한 우리 사회의 현실이다. 그렇다면 우리 국민의 일자리 안전망은 어떻게 구축해야 할까.

우선, 세대간 인적 역량의 차이를 극복하기 위한 국가와 기업의 지원이 시급하다.

OECD 자료에 따르면 한국은 10대 후반에서 20대 초반 연령층은 세계 최고 수준의 언어 능력, 수리력, 컴퓨터 기반 문제 해결능력을 보유하고 있다. 하지만 50대 이후 연령층은 OECD 최하위 수준으로 떨어진다. 특히 컴퓨터를 이용한 문제 해결능력은 연령에 비례해 급격히 떨어지는 모습이다. 50대 이후 장년층에 컴퓨터를 이용한 문제 해결능력 같은 역량 향상에 중점을 둬야 할 것이다.

근본적으로는 평생학습과 재교육을 위한 인프라 확충이 해결책이다. 평생학습은 모든 국민이 평생에 걸쳐 학습하고, 능력과 적성에 따라 교육받을 권리에 기초한다. 100세 시대, 고령화 사회를 맞아 불과 몇 년 전까지만 해도 "노후를 대비해 인생 2모작을 준비해야 한다"는 얘기가 설득력 있었다. 하지만 지금은 2모작이 아니라 3모작, N모작을 준비해야 한다는 목소리가 더욱 설득력 있게 들리는 실정이다.

N모작을 대비한 평생교육^{학습}의 대안으로 떠오른 게 에듀테크다. 교육^{Education}과 기술^{Technology}의 합성어인 에듀테크는 다양한 IT 기술을 활용, 교육효과를 높이는 맞춤형 학습시스템이다. 지금까지 수강자가 인터넷 사이트^{온라인 강좌}에 접속해 강의를 듣고 간단한 질문을 게시판에 올리는 수준이었다면 에듀테크는 한발 더 나아가 개인의 수준에 맞는 '맞춤형 교육'을 제공한다는 게

차이점이다. VR 등 첨단 기술을 학습 시스템에 활용하는 등 에듀테크 분야는 날로 발전하고 있다. 평생 학습에 대한 인식이 부족할 뿐 아니라 평생학습 참여율과 평생교육기관 수도 턱없이 부족한 국내 현실에서는 에듀테크가 훌륭한 대안이다.

평생학습

평생교육^{학습}은 사회현장에서 이뤄져야 더 효과적이다. 학교에서 끝나는 게 아니라 기업, 지역사회와 연결돼 이뤄져야 한다는 것이다. 특히 인생 2모작·3모작을 준비해야 하는 중년층은 그 동안의 직업 경험을 살려 기업, 지역사회에서 필요한 직무를 찾고 학습하는 전략이 중요하다. 아날로그에 익숙한 이들 세대는 AI와 함께 일해야 하는 미래의 일터에서 어떤 역할을 할지 고민해야 한다. 독일의 '일자리 4.0'은 정부와 기업이 이런 세대들을 위해 재교육 인프라 역할을 해야 한다는 일자리 안전망 전략이다.

수명이 길지 않았던 시대에는 평생 직장이 가장 이상적인 모델이지만 100세 시대에는 평생 직업이 바람직하다. 1모작을 끝내고 2모작을 자연스럽게 연장할 수 있다. 기술 변화에 맞춰 새로운 지식으로 무장해 N모작을 해나가야 할 것이다.

프리랜서형 고용계약, 무정형 노동 증가에 적합한 근무 여건을 조성하는 것도 필요하다. 앞으로는 인재들이 각자 전문성에 맞는 일을 필요에 따라 수행하며 삶의 질을 높일 수 있는 형태로 미래 일자리가 변화될 것이기 때문이다. 최근 새로운 트렌드 '긱 경제gig ecomomy' 현상은 앞으로 근로 형태가 직종별, 직무별로 더욱 세분화될 수 있음을 보여준다. '긱 경제'는 산업현장에서 필요에 따라 사람을 구해 임시로 계약을 맺고 일을 맡기는 경제 방식이다. 1일, 시간 단위의 초단기 일자리를 연결해주는 직업소개 플랫폼이 속속 등장하는 현실은 우리나라도 '긱 경제'로 향하고 있음을 짐작케 한다.

독일은 4차 산업혁명 대응을 위한 백서2017를 통해 "다양화되는 노동 유형을 인정하고, 근로자의 자기결정성이 보장될 수 있도록 근로조건을 조성해주는 것이 중요하다"고 강조한다. 즉 전일제 vs 파트타임제, 직업 vs 가정생활, 고용노동 vs 자영업 등으로 나누던 경계선이 점차 모호해지면서 근로조건이나 노사관계에서 '정상'이라는 기준도 모호해졌다. 이에 따라 '무정형 노동'이라는 개념이 등장했다고 언급한다. 국가와 기업은 이처럼 다양한 노동형태 내에서 근로자의 자기결정성이 최대한 보장되도록 근로조건을 조성해야 한다고 주장한다포스코경영연구원 2017. 8.

50

그래도
'사람이 중심'이다

기술혁신은 인류사의 발전과 함께 했다. 4차 산업혁명 시대라는 말은 우리 인류가 큰 변화의 시기를 잘 극복해왔다는 반증이기도 하다. 한 예로 우리나라는 1970년 기준으로 농가 인구 비율은 총인구 중 절반 가량인 44.7%[1442만여명]였다. 하지만 산업화를 거치며 2017년 기준으로 농가 인구 비율은 4.7%[242만여명]로 줄었다. 새로운 기술 진보에 따라 농사를 짓다가 공장 제조업, 서비스 산업 등의 새로운 일자리를 찾아 적응해온 것이다.

4차 산업혁명 시대를 맞아 우리 사회는 기존의 일자리가 줄어들고 새로운 일자리로 대체되는 과정 속에서 큰 변화를 겪고 있다. 우리 사회가 가장 고민하고 주목해야 할 점은 일자리 안전망

즉, 사회 안정망이다. 정부, 기업, 개인이 각자 기술과 서비스, 정책의 혁신을 추구해야겠지만 능동적 대처가 어려운 계층은 늘 있기 마련이다. 이런 취약계층, 불안정한 노동자^{근로자}을 위한 사회보장 정책이나 새로운 사회제도가 정비돼야 한다. 일부 국가를 중심으로 일고 있는 '로봇세' '기본소득' 이슈는 기본적으로 인간의 자리를 지키자는 취지에서 비롯된 논쟁이다.

대한민국은 2019년 현재 '삶의 질을 중시하는 사회'로 이동 중이다. 경제 활동과 여가활동에 대한 비중이 변화되고 있다. 또 직업의 선택과 일에 대한 태도가 바뀌고 있다. 자원 남용과 생태계 파괴 방지를 위해 지속 가능성의 중요성이 거론되는 등 기후 변화 대응 관련 의식도 높아지고 있다.

"사람이 중심이다. 그 어떠한 기술적인 발전에서도" 독일의 일자리 4.0 전략보고서 메시지처럼 아무리 기술의 진보가 이뤄지더라도 그 기술과 서비스의 취지가 본래 사람을 위한 것임을 잊지 말아야 한다.

세상 모든 지식과 경험은 책이 될 수 있습니다.
책은 가장 좋은 기록 매체이자 정보의 가치를 높이는 효과적인 도구입니다.

갈라북스는 다양한 생각과 정보가 담긴 여러분의 소중한 원고와 아이디어를 기다립니다.

– 출간 분야: 경제 · 경영/ 인문 · 사회 / 자기계발
– 원고 접수: galabooks@naver.com